新军迷系列丛书

别告诉我你懂战机

《深度文化》编委会　编著

清華大學出版社
北　京

内 容 简 介

本书共分为4章，第1章对战机的分代标准、主要作用、核心技术等基础问题进行了解答。第2章对战机的制造材料、气动布局、机体构造等相关的问题进行了解答。第3章是与战机动力系统、航电设备、安全装置等子系统相关的问题。第4章是与机载武器相关的问题。为了帮助读者理解复杂的科普知识并增强图书的趣味性和观赏性，书中配有大量示意图、鉴赏图以及生动有趣的小知识。

本书内容丰富，结构严谨，分析讲解透彻，适合广大军迷和中小学生作为科普读物。同时，它也适用于战略分析师、国防教育工作者、博物馆工作人员、历史学者、作家、编剧、电视节目制作人、博客作者、游戏设计师、模型制作者、军事装备制造商等专业人士作为参考书籍。此外，本书亦可作为各大航空院校相关专业的教学辅助用书。

图书在版编目（CIP）数据

别告诉我你懂战机 / 《深度文化》编委会编著 . 北京 : 清华大学出版社 , 2024. 8. -- (新军迷系列丛书). -- ISBN 978-7-302-66646-2

Ⅰ . E926.3-64

中国国家版本馆 CIP 数据核字第 20241PV468 号

责任编辑：李玉萍
封面设计：王晓武
责任校对：张彦彬
责任印制：沈　露

出版发行：清华大学出版社
网　　址：https://www.tup.com.cn，https://www.wqxuetang.com
地　　址：北京清华大学学研大厦 A 座　　**邮　　编：**100084
社 总 机：010-83470000　　**邮　　购：**010-62786544
投稿与读者服务：010-62776969，c-service@tup.tsinghua.edu.cn
质 量 反 馈：010-62772015，zhiliang@tup.tsinghua.edu.cn
印 装 者：涿州汇美亿浓印刷有限公司
经　　销：全国新华书店
开　　本：146mm×210mm　　**印　　张：**8.25　　**字　　数：**343 千字
版　　次：2024 年 8 月第 1 版　　**印　　次：**2024 年 8 月第 1 次印刷
定　　价：49.80 元

产品编号：098060-01

1903 年 12 月 17 日，美国莱特兄弟首次试飞了完全受控、依靠自身动力、机身比空气重、持续滞空不落地的飞机，也就是世界上第一架飞机“飞行者一号”。这架飞机就像一把神奇的钥匙，打开了新时代的大门，人类的交通、经济、生产和日常生活从此发生了巨大的变化。

时至今日，飞机已经成为现代人类不可或缺的运载工具。错综复杂的空中航线已成为连接世界各国的桥梁，为人类提供了既方便又迅速的空运条件。对于现代人来说，早晨还在北京，下午已毫无倦意地出现在千里之外的另一座城市，这已经是非常简单的事了。然而，习惯并不意味着了解，飞机是高技术含量的产物，飞机的设计和制造都有着常人难以想象的困难，尤其是飞机中的佼佼者——战机。

战机是军用作战飞机的统称，它们是空军的主要作战装备，也是一个国家航空工业实力的重要体现。各类战机使战争由平面发展到立体空间，对战略战术和军队组成等产生了重大影响。对于普通人来说，战机是强大而神秘的军事装备，很少有机会能一睹真容，但这并不能阻止许多人对战机产生浓厚的兴趣。复合材料主要用在军用飞机的哪些部位？战斗机的轮胎与汽车轮胎有何区别？军用飞机是否会像民航飞机一样安装“黑匣子”？世界各国空军如何处理退役飞机？战斗机无人化需要克服哪些技术难题？许多人都曾有过这样一些疑惑，却无从获得解答。

本书采用问答的形式对战机的相关知识进行了讲解，书中精心收录了读者广为关注的百余个热门问题，涵盖战机的分代标准、核心技术、机体构造、机载武器、动力装置、作战性能等多个方面，每个问题都进行了专业、准确和细致的解答。

本书是真正面向科普爱好者的基础图书，特别适合作为广大科普爱好者的参考资料和青少年朋友的入门读物。全书由资深科普团队编写，力求内容的全面性、趣味性和观赏性。希望读者朋友能够通过阅读本书，循序渐进地提高自己的科学素养。

本书由《深度文化》编委会创作，参与本书编写的人员有阳晓瑜、陈利华、高丽秋、龚川、何海涛、贺强、胡姝婷、黄启华、黎安芝、黎琪、黎绍文、卢刚、罗于华等。由于编者知识有限，加之出版时间仓促，书中难免会有疏漏或不足之处，恳请专家和读者在阅读过程中多提宝贵意见，以便我们后期改正。

目录

Part 01 理论篇 …… 1

- 喷气式战斗机的分代标准是什么 …… 2
- 第六代战斗机的主要特征是什么 …… 6
- 高空高速战斗机为何不再受宠 …… 8
- 现役垂直起降战斗机很少的原因是什么 …… 11
- 军用飞机不使用核动力的原因是什么 …… 15
- 战斗机发动机比轰炸机发动机更难制造的原因是什么 …… 17
- 变循环发动机与传统涡扇发动机相比有何优势 …… 20
- 单发战斗机与双发战斗机有何区别 …… 22
- 双发战斗机极少将发动机上下排列的原因是什么 …… 25
- 战斗机的超音速巡航能力有何作用 …… 28
- 战斗机实行高低搭配的原因是什么 …… 31
- 美国允许出口 F-35 却禁止出口 F-22 的原因是什么 …… 36
- 战斗机无人化需要克服哪些技术难题 …… 39
- 战斗机量产后如何处理验证机 …… 43
- 同样用于对地作战的攻击机和战斗轰炸机有何区别 …… 45
- 美国 B-52“同温层堡垒”战略轰炸机长盛不衰的原因是什么 …… 48
- 美国 B-2“幽灵”隐身战略轰炸机有何先进之处 …… 51
- 侦察卫星能不能完全取代有人侦察机的功能 …… 54
- 研发空中预警机需要克服哪些技术难题 …… 57

➔ 陆基预警机和舰载预警机有何区别……62
➔ 隐形战机会不会让预警机失去用武之地……64
➔ 舰载机与陆基飞机有何区别……67
➔ 舰载固定翼反潜机为何销声匿迹……68
➔ 研发大型军用运输机需要克服哪些技术难题……70
➔ 倾转旋翼机与传统飞行器相比有何优势……73
➔ 美国最新一代倾转旋翼机 V-280 有何先进之处……77
➔ 美国海军为何要发展舰载无人加油机……80
➔ 美国总统专机“空军一号”有何特别之处……82
➔ 军用无人机如何提高生存能力……85
➔ 研发高超音速飞机需要克服哪些技术难题……88
➔ 地效飞行器迟迟未能大范围应用的原因是什么……90
➔ 美国研发的“自由升降机”有何特点……94
➔ 水上飞机淡出军事舞台的原因是什么……95

Part 02 机 体 篇 …… 99

➔ 复合材料是不是衡量军用飞机先进性的重要标志……100
➔ 复合材料主要用在军用飞机的哪些部位……102
➔ 军用飞机的起落架有哪些类型……105
➔ 后三点式起落架在喷气时代迅速被淘汰的原是什么……109
➔ 战斗机的轮胎与汽车轮胎有何区别……112
➔ 玻璃座舱如何提升战斗机的作战效率……114
➔ 制造战斗机座舱盖的原材料是不是玻璃……116
➔ 没有雨刮器的战斗机如何清除座舱盖的雨雾……121
➔ 战斗机头部的针状物有何作用……123
➔ 喷气式飞机的进气道有哪些类型……127
➔ 螺旋桨驱动的“超级巨嘴鸟”为何老而不衰……131
➔ 可变后掠翼战斗机越来越少的原因是什么……133
➔ 战斗机采用鸭式布局有何利弊……135

➔ 无尾三角翼飞机在作战性能上有何优势……139
➔ 上单翼飞机和下单翼飞机有何区别……141
➔ 现役战斗机为何青睐双垂尾设计……144
➔ 双座战机串列布局与并列布局有何区别……146
➔ 战斗机有没有必要配备登机梯……149
➔ 战机如何通过外形设计减少雷达反射截面积……152
➔ 战机使用的雷达隐身材料有哪些类型……156
➔ 战机如何实现红外隐身……159
➔ 战机如何实现可见光隐身……161
➔ 锯齿形尾喷管如何提高战机的隐形性能……164
➔ 现代战斗机的涂装颜色有何讲究……166
➔ 现代战斗机可以携带多少燃油……169
➔ 战斗机的保形油箱与常规副油箱相比有何优点……172
➔ 战机的油箱如何实现安全防爆……176
➔ 美国 SR-71“黑鸟”侦察机如何解决持续超音速飞行时的高温问题……179
➔ 陆基预警机载机大多选择民航客机而不是军用运输机的原因是什么……182
➔ 军用运输机大多采用 T 形尾翼的原因是什么……185
➔ 双旋翼直升机与单旋翼带尾桨直升机有何区别……188
➔ 经常低空飞行的武装直升机如何提高生存能力……191
➔ 直升机有哪些提高飞行速度的方式……194

Part 03 设 备 篇……197

➔ 军用飞机使用的喷气式发动机有哪些类型……198
➔ 航空发动机的涡轮如何有效降温……201
➔ 军用飞机如何调节座舱温度……203
➔ 作战飞机如何为飞行员提供氧气……207
➔ 军用飞机如何为机载设备供电……209

➔ 军用飞机如何防范雷电伤害……213
➔ 头盔显示器与头盔瞄准器相比有何优点……216
➔ 战斗机飞行员如何感知导弹来袭……218
➔ 军用飞机的弹射座椅能不能完全保证飞行员的安全……221
➔ 电传操纵系统与机械操纵系统相比有何优势……223
➔ 美国研发的 ALIAS 系统有何重要意义……226
➔ 军用飞机是否会像民航飞机一样安装“黑匣子”……227
➔ 舰载电子战飞机装有哪些重要设备和武器……230
➔ 反潜巡逻机的“尾巴”越长越好吗……231
➔ 美国和俄罗斯的直升机飞行员救生系统有何区别……232
➔ 军用无人机如何实现远距离遥控……235
➔ 搭载有源相控阵雷达的无人机能否胜过常规战机……238

Part 04 武 器 篇 …… 241

➔ 拥有超视距攻击武器的战斗机安装机炮有何作用……242
➔ 隐身战斗机的内置弹仓有何设计难点……244
➔ 高阻炸弹与低阻炸弹有何不同……247
➔ 美国“炸弹之母”和俄罗斯“炸弹之父”的威力有多大……250
➔ 美军为何发展托盘化武器系统……252
➔ 空射快速反应武器为何被誉为“美国空军之箭”……254

参考文献…… 256

Part 01

理 论 篇

战机是直接用于作战或作战保障的飞机。战机是航空兵的主要作战装备，主要包括战斗机、战斗轰炸机、轰炸机、攻击机、电子战飞机、反潜机等。也有人把侦察机、预警机等列入作战飞机的范畴。

喷气式战斗机的分代标准是什么

战斗机是一种主要用于与其他飞机作战的军用飞机，具有体积小、飞行速度快、机动性强等特点，在现代战争中有着举足轻重的作用。20 世纪 40 年代后期，采用喷气式发动机的战斗机获得了较大发展，不断涌现出更新、更强的战斗机。国外大致将喷气式战斗机的发展分成了 5 代，具体分代标准如下所述。

第一代战斗机

第一代战斗机是指首批采用喷气式发动机的战斗机，其出现时间约为 1944——1953 年。第一代战斗机普遍采用后掠机翼，装有带加力燃烧室的涡轮喷气发动机。飞机的电子设备还非常简陋，主要是通信电台、高度表和无线电罗盘以及简单的敌我识别装置。武器装置以大口径航炮为主，后期型可以挂装第一代空对空导弹。飞机的火控系统为简单的光学一机电式瞄准具，后期安装了第一代雷达。第一代战斗机的飞行速度比螺旋桨飞机快，航程则受到发动机效率的影响而较短，发动机的寿命受到材料与设计的影响，也不如当时最好的活塞式发动机。第一代战斗机的典型代表有 F-80（美国）、F-86（美国）、米格 -15（苏联）、米格 -17（苏联）、“吸血鬼”（英国）、Me 262（德国）等。

美国 F-86“佩刀”战斗机

第二代战斗机

第二代战斗机主要是指 20 世纪 50 ～ 60 年代研制的战斗机。由于采用了许多新技术，第二代战斗机的作战能力有了大幅提高，开始使用导弹进行视距外攻击，雷达也作为标准配置用于确定敌方目标。新的飞机设计技术也层出不穷，如后掠翼、三角翼、变后掠翼以及按面积律设计的机身等，采用后掠翼的生产型战斗机飞行速度终于突破了音障。这一时期的一个重要特点是出现了战斗轰炸机和截击机。截击机的发展主要依赖于导弹能完全替代机炮、空战将在视距外进行的特点，因而截击机具有较大的载弹量和强大的雷达，牺牲了速度、爬升率等敏捷性。第二代战斗机的典型代表有 F-104（美国）、F-105（美国）、米格 -21（苏联）、米格 -23（苏联）、“幻影 Ⅲ”（法国）等。

法国“幻影Ⅲ”战斗机

第三代战斗机

第三代战斗机主要是指 20 世纪 60 ～ 70 年代研制的战斗机。这个时期航空技术发展日趋成熟，战斗机作战能力的发展主要是通过引入性能更好的导弹、雷达和其他航电系统来获得。基于大量导弹的实战使用经验，设计人员重新肯定了近距格斗在空战中的地位，机炮再次成为标配，而机动性也再次成为优先考虑的设计因素。航空技术发展在显著提高战斗机能力的同时，其研制和使用成本也显著增加。军方早先曾有各种专门用途的战斗机，如夜间战斗机、重型战斗机和攻击战斗机，面对战斗机的成本暴涨，军方开始将战斗机的任务合并。第三代战斗机的典型代表有 F-4（美国）、F-111（美国）、米格 -25（苏联）、苏 -15（苏联）、“鹞”式（英国）等。

美国 F-111“土豚”战斗轰炸机

第四代战斗机

第四代战斗机主要是指 20 世纪 70 ～ 90 年代研制的战斗机。国际上常用的第四代战斗机标准为“4S”，即 Stealth（隐身）、Super cruise（超音速巡航）、Super maneuverable（超机动性）、Sensor（先进传感器）。除了多用途和精密航电的发展方向大致不变以外，第四代战斗机放弃对高速、高翼负荷的设计追求，转而扩展飞机在不同高度与速度下的运动性，运用新材料与技术开发的大推力涡扇发动机开始广泛运用于第四代战斗机，取代了过去的涡喷发动机。第四代战斗机的典型代表有 F-14（美国）、F-15（美国）、F-16（美国）、F/A-18（美国）、米格 -29（苏联）、米格 -31（苏联）、苏 -27（苏联）、“狂风”（英国）、“幻影 2000”（法国）等。

小知识：

随着航空技术的快速发展，还可划分出一类第四代半战机。第四代半战斗机主要是现役的最新战斗机，其特点是气动技术没有任何新进展，而是随着 20 世纪 80 年代和 90 年代集成芯片和半导体技术的迅猛发展，航电和其他飞行电子系统进行了多项改进，并采用了有限的隐身构型。第四代半战斗机的典型代表有 F/A-18E/F（美国）、F-15E（美国）、米格 -35（俄罗斯）、“台风”（欧洲）、JAS 39（瑞典）等。

苏联米格 -29“支点”战斗机

第五代战斗机

第五代战斗机是目前研制的最先进的一代战斗机，最大的特点就是低可侦测性技术的全面运用，并具备高机动性、先进航电系统、高度集成计算机网络以及优异的战场态势感知能力。

俄罗斯苏 -57 战斗机

第六代战斗机的主要特征是什么

关于第六代战斗机的定位，航空界尚无统一的标准，公认的几大特性包括可变循环发动机、无人操作系统、海陆空天电网一体化以及激光武器等。然而，这些技术尚在论证和研发阶段，目前没有任何国家将其应用在实战中。在这种背景下，十分注重先进军事技术研发的美国对第六代战斗机的研制自然备受关注。

美国空军现役第五代战斗机——F-22“猛禽”战斗机

早在 2015 年，为了研发一整套第六代战斗机系统，以便在 2030 年左右逐步取代第五代战斗机，确保美国空军在制空权方面的战术优势，美国空军和航空工业部门就已启动第六代战斗机的研制工作，其计划名称为“下一代空中优势”（Next Generation Air Dominance，NGAD）战斗机。通过梳理美国空军、美国国防部高级研究计划局等单位公开发布的信息，可以发现美国第六代战斗机有以下三种发展趋势。

第一，美国第六代战斗机的隐形性能将得到极大提高。大部分第六代战斗机研制方案均使用了高隐形的气动布局，其中最明显的就是飞机的飞翼式布局，沿用了 B-2 轰炸机的气动布局。飞翼布局的升阻比大、隐形性能好，B-2 轰炸机的研制成功就是充分的证明。同时，美国空军在材料隐形和等离子隐形等方面也做了大量实验，甚至有可能在未来实现第六代战斗机声光电磁等多领域隐形。基于这些条件，美国第六代战斗机极有可能全方位、全频谱隐形。如此高的隐形性能要求其实正契合了美国空军提出的“穿透性制空”的概念。

美国空军启动的第六代战斗机项目——NGAD 想象图

第二，美国第六代战斗机的发展还将体现在强大的新一代发动机上。为了研制性能优异的新一代发动机，美国不仅应用了研究已久的变循环发动机技术，还启动了适用于第六代战斗机的 ADAPT 计划。变循环自适应发动机通过改变某些发动机部件的参数，从而改善热力循环，可以达到飞机低油耗、大推力和隐形性能的目的。ADAPT 计划则引入了第三涵道结构，与仅具有核心机和涵道两种气流形式的传统涡扇发动机相比，带有三涵道的变循环发动机则有第三个外流道，能够满足发动机对冷却空气的需求，从而使战斗机能在巡航模式和作战模式之间切换，保证飞机本身定向能武器和其他武器系统等高功率系统的正常工作。

美国海军启动的第六代战斗机项目——F/A-XX 想象图

第三，美国第六代战斗机的发展表现出了智能化、信息化和无人化的趋势。相比于传统战斗机，美国第六代战斗机将会表现出更快的数据处理和分析能力，层次更深的信息集成能力，更高的智能化程度，就像一台可以飞行的超级计算机。在此基础上，无人僚机也得到了发展。利用人工智能技术，无人机本身的数据处理能力将会大幅增强。在美国空军的设想中，利用数据链子网技术将一架第六代战斗机与4～8架无人机/攻击机联结，就可形成一个战斗机组，第六代战斗机将与无人战斗机协同作战，无人战斗机负责中远距拦截，第六代战斗机则负责收网歼灭。

美国要求第六代战斗机必须具有“全球警戒、全球到达、全球力量”三大核心能力，以及在“空、天与网络电磁空间”三大“域”中具有作战能力和压倒性优势，并且明确“航空航天优势”将是美国空军21世纪首要核心竞争力，要求未来的战斗机必须在2030～2060年间的“空海一体战”环境中能与具有空中电子攻击能力、先进综合防空系统、无源探测设备、综合电子防御设备、定向能武器和网络电磁攻击能力的敌军进行空中对抗和作战。

欧洲国家启动的第六代战斗机项目——FCAS想象图

高空高速战斗机为何不再受宠

20世纪50～70年代末，高空高速战斗机曾是战斗机的发展主流，当时要求战斗机的速度越快越好，并出现了以XF-103战斗机（美国）、米格-25“狐蝠”战斗机（苏联）、米格-31“捕狐犬”战斗机（苏联）等为代表的高空高速战斗机。但是自20

世纪 80 年代以来，航空专家和空军飞行员发现，战斗机并不是速度越快越好。中低空机动灵活性较高的第三代战斗机问世后，高空高速战斗机便迅速被取代。形成这种发展格局的原因大致有下述几种。

美国 XF-103 高空高速战斗机想象图

第一，高空高速战斗机的功能比较单一。当时，高空轰炸机是投射核武器的主要平台，高空侦察机则是战略侦察的重要手段，高空高速战斗机的主要任务就是有效拦截高空轰炸机和高空侦察机。在执行空中阻滞和近距空中支援方面，高空高速战斗机优势并不明显，还需要发展其他类型的战斗机兼顾执行相应的任务，装备的综合效益并不高。

米格 -25“狐蝠”战斗机起飞

第二，高空高速战斗机的实战表现不佳。虽然航空强国大力发展高空高速战斗机，但此类战斗机的实战表现令人失望。美国先进的 F-105“雷公”战斗机和 F-4“鬼怪 II”战斗机的空战交换比不占上风；相反，苏联米格 -17“壁画”战斗机表现抢眼。这固然有当时空战训练的问题，但已在很大程度上暴露出用打轰炸机的飞机去进行空中格斗，是高空高速战斗机力所不及的。

米格 -31“捕狐犬”战斗机仰视图

第三，现代空战仍然以中空亚跨音速机动空战为主。英阿马岛战争、海湾战争和科索沃战争的空战表明，制空作战的主要打击目标还是战斗机，行动方法是空中寻歼、战斗空中巡逻和护航，空战高度多数在 6000 米以下，速度多在 0.8 ～ 1.3 马赫，在此范围内，高空高速战斗机难有作为。

美国 F-105“雷公”战斗机

在借鉴越南战争空战经验基础上发展起来的高机动性战斗机（如 F-16“战隼”战斗机、F-15“鹰”式战斗机、苏 -27“侧卫”战斗机），配装了先进的火控雷达、空对空和空对地突击武器，兼具制空和空对地作战能力，迅速取代了高空高速战斗机，成为战斗机发展的主流，高空高速战斗机很快便退出了历史舞台。

现役垂直起降战斗机很少的原因是什么

垂直起降战斗机一直是作战飞机领域的尖端产品。由于垂直起降战斗机对起降场地要求低、部署机动灵活，并且可以实现海、空军通用，所以曾是主要航空技术拥有国竞相发展的热门机种，但由于研制难度和研制成本过大，多个国家先后退出研制行列。迄今为止，包括美国、俄罗斯、德国、英国、法国在内的航空技术先进国家均在垂直起降战斗机领域有过研究，其中美国、俄罗斯、英国的垂直起降战斗机进入过量产阶段，德国、法国的垂直起降战斗机曾经进行过原型机飞行测试。

博物馆中的 Ba 349 垂直起降截击机

虽然垂直起降战斗机直到冷战期间才开始大放异彩，但早在二战末期就已经进入了相对实用化的发展阶段。1944 年盟军开始对德国进行大规模空袭之后，由于空军基地、战斗机和战斗机生产线损失殆尽，德国空军逐渐丧失了制空权。为此，德国开始研发火箭动力的 Ba 349 垂直起降截击机，准备将其部署于丛林隐蔽地带的临时基地中用以拦截盟军的轰炸机。该机起飞时必须将机身垂直于地面，以便火箭发动机能提供足够的推力，确保实现垂直起飞。因此，Ba 349 称不上是严格意义上的垂直起降战斗机，加上产量极少，对战局发展几乎没有产生影响。

二战后，Ba 349 的设计技术被美国人所继承。20 世纪 50 年代，按照美国海军的要求，洛克希德公司和康维尔公司分别研制了 XFY-1 和 XFV-1 两种垂直起降技术验证机。虽然两者布局不同，但都采用了涡桨动力加较大尺寸的螺旋桨，起飞时其机身与 Ba 349 一样需要垂直于地面。与 Ba 349 相比，XFY-1 和 XFV-1 的最大进步是除了采用更加可靠的涡桨发动机以外，就是实现了真正意义上的垂直起降。由于这种布局的飞机在起降时飞行员几乎看不到地面，操作难度和风险极大，因此美军最终并未选择这种布局实现垂直起降。

冷战时期，美国、西欧国家和苏联都曾经钟情于垂直起降战斗机的研发。20 世纪 50 年代，联邦德国航空企业提出了多种垂直起降战斗机方案，虽然这些方案各不相同，但一般都采用“可偏转发动机 + 专用升力发动机”的布局模式，其中 VJ-101 是技术上最为可行的方案，该机在试飞中表现优异。同一时期，美国也制定了类似于 VJ-101 的 XF-109 研发方案。然而由于这种动力系统所需发动机数量过多，不仅在操作上较为复杂、结构上安全冗余度较低，而且挤占了过多的机身空间造成燃油容量和载弹量低下。有鉴于此，联邦德国最终放弃了垂直起降战斗机的研发。

英国空军装备的“鹞”式垂直起降战斗机

相比之下，英国的“鹞”式和苏联的雅克 -38 战斗机要成功得多。两者都采用了偏转喷口设计技术（前者完全依赖偏转喷口，后者则保留了升力发动机），其结构复杂性相较以往的垂直起降战斗机被大大降低，而安全性却得到提升，这使“鹞”式至今仍然是包括美国在内的多个国家所采用的主力机型之一，雅克 -38 则是苏联海军装备苏 -33“海侧卫”战斗机之前性能最好的舰载机。

博物馆中的雅克 -38 垂直起降战斗机

相对于美国、苏联、英国和德国的垂直起降战斗机方案，法国的垂直起降战斗机要保守得多。法国于 20 世纪 60 年代在“幻影Ⅲ”战斗机的基础上研制出垂直起降的“巴尔扎克”和“幻影Ⅲ V”技术验证机，这两种技术验证机并未更改“幻影Ⅲ”的气动布局，仅仅在机身内加装了 8 台劳斯莱斯 RB162-1 升力发动机，并将主发动机更换为 TF104 涡扇发动机。试验中，这两种技术验证机均表现良好，但由于两机先后在试飞中坠毁，法国最终取消了垂直起降战斗机的研发计划。与法国类似，苏联也曾在苏 -11 截击机和米格 -23 战斗机上加装升力发动机以验证垂直起降技术，虽然这种方式风险小、成本低，但因各项性能较差，所以也都没有批量生产。

20 世纪 80 年代，研制垂直起降战斗机的国家进一步减少。这一时期除英国和苏联继续对“鹞”式和雅克 -38 进行改进之外，在垂直起降战斗机研究方面取得成果的国家只有美国，但其研制的 AV-8B“海鹞Ⅱ”垂直起降攻击机是与英国共同研发，并且是在“鹞”式的基础上改进而来的。1987 年，苏联研制的雅克 -141 超音速垂直起降战斗机试飞成功，但由于后续试飞工作不顺利及苏联解体的影响，雅克 -141 最终未能批量生产，其后续改进型雅克 -43 和雅克 -201 也被迫止步于方案设计阶段。20 世纪 90 年代后，英国和俄罗斯也退出了垂直起降战斗机研制国家的行列。至此，只剩下美国仍在继续研究和生产垂直起降战斗机，即 F-35“闪电Ⅱ”战斗机的垂直 / 短距起降版本（F-35B）。

AV-8B“海鹞 II”垂直起降攻击机在高空飞行

测试中的 F-35B“闪电 II”垂直起降战斗机

从技术角度而言，垂直起降战斗机可以认为是当今战术作战飞机方面技术含量最高的一种。除了常规起降作战飞机的必备技术以外，由于垂直起降涉及升力系统与平飞动力系统之间的操控转换、垂直起降时机体需承受高温燃气、发动机推力必须同时满足升力和平飞等特殊需求，其对于材料水准、发动机设计和操控系统都有极高的设计和制造要求，这也是半个多世纪以来研制垂直起降战斗机的国家越来越少的原因。

军用飞机不使用核动力的原因是什么

核能是人类目前所能利用的能源中最具破坏力的能源，同时也是一种强大的动力源。在现代军队中，核动力航空母舰和核潜艇已经不是新鲜事物，美国、英国、法国和俄罗斯等国都拥有核动力舰艇。核能在可控的情况下进行缓慢释放，一台核反应堆可以持续数年甚至数十年提供巨大的能量。以美国“福特”级航空母舰为例，其满载排水量超过 10 万吨，却凭借 2 台 A1B 核反应堆取得了 30 节的最高航速，反应堆堆芯的使用寿命长达 50 年。

有鉴于此，许多人都会产生一个疑问：弹道导弹核潜艇和战略轰炸机都是重要的战略核力量，为什么前者可以采用核动力推进，后者却不可以？如果将核动力装置运用在战略轰炸机上，便可以让它在空中持续飞行上千小时，它的降落可能只是需要补充食物或弹药。如此一来，战略轰炸机将不再受航程的制约，岂不是拥有更强大的核威慑能力？事实上，核动力飞机其实算不上什么稀奇的技术，早在 20 世纪 50 年代，美国和苏联两国为保持战略威慑均尝试过以核燃料为动力的飞机，并期待该机携带核武器在空中长期飞行。

NB-36H 核动力飞机外形图

从1946年起，美国就启动了核动力飞机研制计划，直到1950年左右推出了核动力样机NB-36H。该机是用B-36H轰炸机加载一个小型核反应堆后改造而成的，有两种驱动方式。第一种是混合动力方式，在陆地采用汽油动力起飞，而到空中巡航的时候才使用核动力。反应堆启动后，加热堆芯周围的液态金属，然后让高速气流与高温液态金属接触，将气流变成高温高压气体，经过导流，这些气体通向各个引擎的增压涡轮，最后喷出产生后推力。之所以不在起降时使用核动力，主要是为了减少核污染。因为高速气流通过堆芯的液体金属再排出，核污染比较严重。

第二种方式是空气不直接进入堆芯，而是使用热交换器加热空气。热交换器里面有水或者液态金属，它们循环流动，不断把热量从堆芯带出来，并加热从外面通过的空气，如此往复。从本质上来说，NB-36H的两种驱动方式都是可行的，而之所以实验第二种方式，目的还是为了降低核辐射和污染。

NB-36H核动力飞机在低空飞行

测试数据显示，NB-36H可以在740千米/时的巡航速度下，飞行了48300千米，而现代喷气式客机的航程最远仅为10000多千米。在NB-36H的试验飞行过程中，美国获得了大量关于核辐射影响的数据。如何保护驾驶员不被长时间辐射？如何在飞机坠毁后避免核泄漏？这是NB-36H面临的两大难题。核动力航空母舰和核潜艇之所以比较容易实现，是因为它们天生就在海里，可以用取之不尽的海水来冷却堆芯，另外就是航空母舰和潜艇体积庞大，安装核反应堆后，还可以安装重达几十吨的保护罩，但是飞机就做不到这一点。

在美国研发核动力飞机的同时，苏联也没有闲着。1955年，苏联设立核动力飞机项目，并选用图-95M轰炸机作为核动力载机，1956年图-95LAL横空出世。在完成了大量地面测试后，该机于1961年5～8月完成了34次试验飞行，但核燃料仓只开启了5次。

由于核动力飞机的防辐射技术困难较大，再加上洲际弹道导弹与高效涡轮发动机技术的发展，降低了对核动力远程轰炸机的需求，美国和苏联相继中止了对核动力飞机研制。

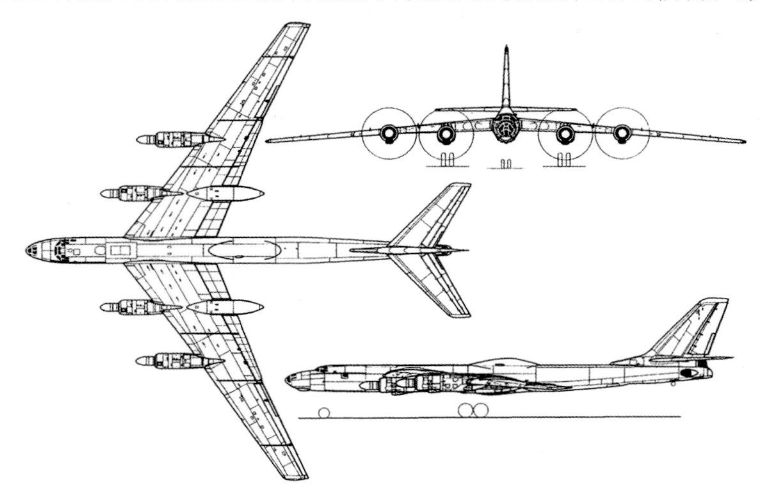

图-95LAL核动力飞机三视图

小知识：

NB-36H安装核反应堆试飞，测试核反应堆对驾驶员的辐射水平时，一般旁边还应跟随另一架飞机，上面满载士兵，就是为了万一NB-36H坠毁，能第一时间冲下去，封锁现场，避免周围民众受到核辐射。

战斗机发动机比轰炸机发动机更难制造的原因是什么

航空发动机素有“现代工业皇冠上的明珠”之称，是基础科学、技术的集大成者，难度和垄断一直是它的代名词。而在航空发动机中，战斗机发动机往往比轰炸机发动机的制造难度更大。究其原因，主要是因为轰炸机和战斗机的作战任务不同所导致的。

从某种意义上来说，轰炸机只是一种运输机，专门用来运输武器，对机动性要求较低，对航程要求较高；而战斗机是空战的直接参与者，对飞机的速度、机动性都有着极高的要求，战斗机的机动性甚至可以决定一场空战的胜负。

早期的喷气式战斗机使用的是涡喷发动机，这种发动机的特点是推力大，但非常耗油，所以那时候的喷气式飞机普遍航程较短。到后来才开发出更为省油而推力也能达到要求的涡扇发动机。

普惠 F-135 涡扇发动机

测试中的普惠 F-119 涡扇发动机

为了保证机动性和超音速飞行，战斗机一般使用小涵道比的涡扇发动机。涡扇发动机外涵道较小，比较接近涡喷发动机，可以提供更大的推力，保证战斗机的机动性。而且战斗机使用的小涵道比涡扇发动机还会在发动机后部加装加力燃烧室，以使核心机的燃烧温度达到一个很高的数值，对发动机叶片的材料以及制造工艺都有超高的要求，因此制造难度极大。

战斗机发动机可以说是最难制造的发动机，世界上拥有战斗机发动机制造能力的国家屈指可数。目前，世界上最先进的战斗机发动机是美国普惠公司研制的装备在 F-35“闪电Ⅱ”战斗机上的 F-135 涡扇发动机，该发动机是基于 F-22“猛禽”战斗机的 F-119 涡扇发动机的核心机和主要结构研制的新型发动机，推力超过 18 吨，推重比超过 10。为了进一步提升 F-135 发动机的性能，普惠公司又推出了 F-135 发动机的增推版，推力达到惊人的 23 吨，成为目前人类制造出的第一款单台推力超过 20 吨的战斗机发动机。

高速飞行的 F-35“闪电Ⅱ”战斗机

与战斗机相比，轰炸机不需要进行空中格斗，而是强调起飞重量和航程，所以现代轰炸机使用的多是大涵道比涡扇发动机。大涵道比涡扇发动机的特点是使用寿命长，经济省油，可以在搭载同等重量燃油的条件下使轰炸机获得更远的航程，从而达到战略轰炸的目的。由于轰炸机发动机取消了加力燃烧室，大大简化了发动机结构，降低了对高温材料的性能要求，从而降低了研制难度和风险。此外，大涵道比发动机由于外涵道空气流量大，能够较快地冷却内机匣，延长发动机寿命，进一步降低对材料的性能要求，发动机制造工艺难度进一步降低。

现在也有少数轰炸机使用的是涡桨发动机，如俄罗斯图 -95“熊”轰炸机。涡桨发动机也拥有类似于大涵道比涡扇发动机的特点，只不过涡桨发动机噪声极大，所以多用于不考虑任何用户体验的军用飞机。

俄罗斯图 -95“熊”轰炸机仰视图

无论是大涵道比涡扇发动机还是涡桨发动机，其制造难度远不如小涵道比战斗机发动机。所以，轰炸机发动机的制造难度要低于战斗机发动机。当然，难易程度只是相对而言，即便是轰炸机发动机，也不是一般国家所能制造的。

变循环发动机与传统涡扇发动机相比有何优势

变循环发动机（Variable Cycle Engine，VCE）是指在一台发动机上，通过改变发动机一些部件的几何形状、体积或者位置，实现不同热力循环的燃气涡轮发动机。

从 20 世纪 60 年代开始，国外各大航空发动机公司均在不断地进行变循环发动机概念、方案及相关技术的研究和验证，而对变循环发动机研究时间最为持久、程度最为深入，而取得较大成果的是以通用电气公司为代表的美国航空界。从YJ101开始，通用电气公司研制出一系列变循环验证机。其中，YF-120变循环发动机参加了F-22“猛禽”战斗机发动机选型，最终败给了普惠公司的F-119涡扇发动机。此后，通用电气公司和罗尔斯•罗伊斯公司联合研制出YF-136变循环发动机，并参加了F-35“闪电Ⅱ”战斗机的发动机选型，再次败给了普惠公司的F-135涡扇发动机。虽然两次落败，但是通用电气公司仍然没有放弃变循环发动机的研究工作。一旦时机成熟，它将装备美军下一代战斗机。那么，变循环发动机与现役战斗机惯用的涡扇发动机相比究竟有何优势？

航空发动机技术提升的核心在于如何提高燃油使用效率。喷气式飞机的原理是将空气吸入发动机后和燃油混合加热，而后高温高压气体向后喷出，按照牛顿第三定律，飞机就可以获得一种反推力。但这种高温高压气体本身就拥有很大的能量，也就是说，这些能量被白白浪费掉了，但有时候为了机动性则不得不这样做。以往的飞机，往往是涡喷发动机就只能是涡喷模式工作，是涡扇发动机就只能是涡扇模式工作。在飞机航行的整个过程中，有很多路程并不需要使用这种高油耗率的工作方式。而在靠近战场时，为了接敌，往往需要高速机动。为了机动空战，则需要超音速飞行模式。变循环发动机就是把这三种模式结合起来，合理规划，获得了最佳的使用效果。

展览中的通用电气YF-120变循环发动机

一般来说，喷气式发动机结构从前往后依次是进气道、压气机、燃烧室、涡轮和喷口，运转过程分别是吸入空气、空气压缩增压、混合燃烧、推动涡轮旋转和尾部喷气做功。变循环发动机采用涡轮风扇的基准模型，将气流分入 3 个涵道。其中，相对靠外的 2 个涵道中设有挡板，它们可以改变涵道直径，通过组合搭配构成不同的工作模式。例如经济巡航时，2 个调节板向下调节，挡住两个涵道的气流，发动机此时为涡桨发动机模式；当需要超音速机动时，调节板 1 向下、调节板 2 向上，组成涡扇发动机；当需要超音速巡航时，调节板 1、2 均向上，使其成为一台涡喷发动机。

根据通用电气公司官网宣传资料，使用这一技术后，在同等燃油的条件下飞机的滞空时间可以提高 50%，航程增加 33%，减少 25% 的燃油消耗率，达到 60% 的燃油热吸收率。但是，变循环发动机技术看起来简单，但其实在工程上实现起来十分困难。发动机工作在高温高压和极高转速的情况下，最好不要有任何结构变换，否则会导致发动机部件的损伤，导致发动机出现安全问题。挡板的偏移也会带来气流的瞬时畸变，导致发动机工作不稳定甚至停车。

因此，从其工作模式上来看，变循环发动机对材料的耐高温性、强度和轻量化都有较高的要求，同时要求加工精度也较高，以更好地保证气流流动的平稳性，减少制造误差对核心机的扰动。

展览中的通用电气 YF-136 变循环发动机

单发战斗机与双发战斗机有何区别

按发动机数量不同，现代战斗机可以分为单发战斗机和双发战斗机两种。各国军方和民间一直都有两种战斗机孰优孰劣的争论，但并没有一个明确的结论。事实上，单发战斗机与双发战斗机各有长短，很难简单分出强弱。

从空间角度来看，单发战斗机使飞机设计更向中部集中，主要设备和部件都围绕中轴线布置，而双发战斗机（不管发动机之间采用宽间距还是窄间距布置），相比单发战斗机，其机身布局都更向翼展方向发展，即看上去更宽、更薄，因此双发战斗机的内部空间往往更大，内部载油量往往大于单发战斗机，其机翼面积也往往更大，机翼载荷也往往优于单发战斗机，因此其航程更远。俄罗斯苏 -27“侧卫”战斗机就是双发战斗机中的典型代表。

俄罗斯空军苏 -27“侧卫”双发战斗机（上）和英国空军“台风”双发战斗机（下）

从重量上来看，由于单发战斗机只需围绕一台发动机展开设计，所以只要设计一套进气道、发动机舱、发动机驱动的液压和发电系统、发动机引气系统，通过大幅减少冗余结构和系统降低结构重量。

从挂载上来看，单发战斗机的机翼和机腹空间往往更局促，可用挂点和空间小于双发战斗机。例如，瑞典 JAS 39“鹰狮”战斗机的挂载设计非常合理，但限于其单发的狭小空间，加上翼尖也仅有 7 个挂点；而采用双发设计的俄罗斯苏 -35“超侧卫”战斗机，则有 12 个挂点。

捷克空军装备的 JAS 39“鹰狮”单发战斗机

苏 -35“超侧卫”双发战斗机

从机动角度来看，双发战斗机由于机身宽度较大，2 台发动机之间存在一定距离，力矩较大，因此在滚转速率上相对较慢；而单发战斗机在滚转机动上比较有利，美国 F-16“战隼”战斗机的滚转速率就远远大于俄罗斯苏 -27“侧卫”战斗机。至于两种战斗机在其他方面的性能表现，要看气动设计与推重比，而与发动机数量的直接关系不大。

美国 F-16“战隼”单发战斗机

从安全角度来看，单发战斗机由于使用一台发动机，因此对于发动机可靠性的要求比双发战斗机更高，双发战斗机的一台发动机发生故障时，也可以用另外一台发动机实现降落，安全系数比单发战斗机更高。不过，随着涡扇发动机可靠性的不断提高以及对以往发动机事故的研究，这种观点正在被摒弃。美国空军的研究报告显示，在双发战斗机发生的许多发动机故障中，常会出现故障发动机危及另一台完好发动机的例子。在空战中若一台发动机被击中受损，产生的破片很可能会对另一台发动机造成损伤，导致另一台发动机发生故障甚至爆炸。

从成本角度来看，由于少了一台发动机和相关的附属设备，单发战斗机的制造和采购成本自然低于双发战斗机（仅限同级别战斗机）。另外，单发战斗机的操作和维护成本通常也低于双发战斗机。

双发战斗机极少将发动机上下排列的原因是什么

各国现役的双发战斗机几乎都采用发动机左右排列的设计方式，而不是上下排列。事实上，并不是没有人尝试过上下排列发动机，而是这种排列方式存在致命缺陷，因此很多国家都放弃了这种设计。

如果说法国设计的飞机是科技与艺术的完美结合，那么英国的设计则充满了怪诞的想法。在喷气式时代的早期，英国的设计给人最深刻的印象就是怪异，如采用双尾梁布局的“海雌狐”以及发动机上下排列的“闪电”战斗机。其中，“闪电”战斗机是英国第一种2马赫战斗机，在20世纪60年代作为“过渡性装备”开始进入英国空军服役，而且在战斗一线一待就是20多年，直到1988年才从一线战斗部队退役。

“闪电”战斗机后方视角

“闪电”战斗机在高空飞行

“闪电”战斗机是为数不多发动机上下排列的飞机，这是在发动机性能不足的情况下使用的设计方式，可以满足英国为拦截苏军战略轰炸机而需要的高空高速性能。发动机上下排列可以使推力水平上保持与前进方向一致，在一台发动机推力不足或停车时仍然可以轻松控制。此外，发动机上下排列，机身宽度会大幅减小，有利于追求高速性能。因此，“闪电”战斗机的高空高速性能在第二代战斗机中是出类拔萃的。

发动机上下排列也有很大的局限。首先是机身狭窄导致进气道不易布局，进气效率受影响，需要付出一定的结构代价。“闪电”战斗机使用机头进气的布局方式，这种布局非常不利于装备大型电子系统，只能更加依赖地面引导。上下排列还会引起两台发动机布置空间上的冲突和掣肘，距离太大，厚度增加，被雷达锁定的概率就会大大增加，生存能力下降；距离太小，两台发动机之间机械物理影响太大，例如散热、共振等，处理不好会给机体造成疲劳过载，减少飞机的使用寿命甚至发生解体危险。狭窄而高耸的机身在进行水平机动时比扁平机身更为困难，对于强调亚音速空战的第三代战斗机而言并不是理想的选择。上下排列还不利于发动机的养护作业，会增加维护时间。另外，由于纵向需要安置的东西太多，驾驶舱雷达前轮甚至机炮和航电单元，必然会挤占发动机进气道，让发动机的燃烧效率大打折扣。

“闪电”战斗机准备起飞

综上所述，发动机上下排列弊大于利，而缺点却越来越明显。所以，迄今为止只有“闪电”战斗机采用发动机上下排列的布局，未来技术有革命性突破之前很难再出现这种布局。

发动机左右排列的美国 F-4“鬼怪Ⅱ”战斗机

战斗机的超音速巡航能力有何作用

巡航一词最早来源于水面舰只，意思是以最经济的速度航行。飞机出现后，没有创造自己的专有名词，而是沿用了舰船的很多名词。虽然飞机的飞行时间和速度、飞行状态（空间包线）变化已经不是舰船所能比拟的，但是巡航的概念依然与舰船相似。所谓超音速巡航，就是战斗机在发动机不开加力的条件下，以超过 1.5 马赫的速度进行 30 分钟以上的超音速飞行。一般来说，具有超音速巡航能力是第五代战斗机所必须具备的技术指标。

目前的常规战斗机只有打开发动机加力时才能做超音速飞行，这时耗油量会猛增 1 ～ 2 倍；超音速飞行时间只有几分钟，而且机动性也较差。但具有超音速巡航能力的战斗机，可以克服以上不足，大大提高其作战效能。具体来说，超音速巡航能力具有下述几种战术价值。

具备超音速巡航能力的美国 F-22“猛禽”战斗机

第一，可以采用更快的速度飞抵战区或者接敌。常规第四代战斗机只能以 0.6 ～ 0.8 马赫的速度抵达战区，在发生应急事件的情况下将失去最佳时机，以致延误战机。而具有超音速巡航能力的飞机，可以将去航或者接敌时间降低 1/3 甚至更多，无疑大大增加了作战体系的反应能力。这一点对于国土防空截击作战以及争夺制空权格外重要。尤其是对于国土、领海广袤的国家，不可能密集地部署军事基地，这就对军用飞机的快速到达能力提出了很高的要求，因此超音速巡航的意义更大。

第二，可以扩大本机机载武器的杀伤包线，缩小敌机对本机的杀伤包线。对于第四代战斗机来说，除非在接敌之前开加力加速，不然基本上是处于亚音速状态。而具有超音速巡航能力的第五代战斗机则可以长时间保持在超音速巡航状态下发射武器，此时武器的初速度更大，能在更短的时间内和更大的范围内攻击目标。而且在目标保持高速，尤其是超音速飞行态势下，空对空导弹需要更多的能量和更大的过载才能命中目标，超音速巡航能力无疑降低了战斗机被敌方导弹击中的概率。

高速机动的 F-22“猛禽”战斗机

第三，压缩敌方反应时间。超音速巡航能力与隐身能力相结合，对于敌方防空武器系统具有极大的突防效果。一方面飞机雷达反射截面积的大幅下降可使敌方防空传感器出现大量探测“漏洞”，大大降低了敌方雷达的有效探测距离。另一方面超音速巡航战斗机在通过敌方雷达有效探测距离时，所需时间大大缩短，导致敌方即便发现了目标也没有足够的时间组织防空导弹发射或者召唤战斗机拦截。

朝阳下的 F-22“猛禽”战斗机

第四，有利于红外隐形。一般第四代战斗机在进行中距拦射之前都需要开加力进行加速，也需要保持加力状态进行近距格斗，以增加和补充高过载条件下的飞机动能。而航空发动机的加力状态红外特征比常规条件下明显很多，例如 F-14 机头下的红外传感器能在 140 千米发现开加力的目标，而不开加力的目标则只有 40 ～ 50 千米。在作战中开加力也更容易被红外制导导弹在更远的距离上锁定和跟踪。

战斗机要实现超音速巡航，主要措施有两条：一是采用先进的气动外形设计，使飞机的阻力尽量减少。翼身融合体技术就是一种，它能提高飞机的升阻比，减少超、跨音速波阻；二是采用性能先进的发动机，使发动机推力最大，获得较好的速度特性。从目前研制的水平来看，最佳方案是选用小涵道比加力涡扇发动机。

F-35“闪电Ⅱ”战斗机正在超音速巡航

战斗机实行高低搭配的原因是什么

由于各种原因，战斗机难免有先进、过时之分，传统做法是最先进的战斗机用于空战一线，过时战斗机退居二线，或者用作空战补充，或者转用作战斗轰炸机。以美国为例，在二战时期，美国空军在 P-51“野马”战斗机出现后，P-47“雷电”战斗机就逐渐退出空战一线，改作战斗轰炸机，但这不是高低搭配，而是物尽其用。

P-47 和 P-51 战斗机都是按照当时的最高要求和采用最先进技术设计制造的，只是时间差别和技术进步使 P-47 战斗机退出空战一线。战后初期的战斗机也是一样，F-86“佩刀”、F-100“超佩刀”、F-104“星战”、F-4“鬼怪Ⅱ”都是按照最高要求和采用最先进技术设计制造的，在服役后期成为“低端”不是设计初衷，而是技术进步使然。在设计时就高低有别的高低搭配是20世纪70年代出现的概念。

从20世纪50年代开始，美国战斗机研发和制造成本飙升的问题就已经很严峻了，F-108“轻剑”战斗机计划下马的部分原因是作战方式改变，部分原因是成本飙升。F-111“土豚”战斗轰炸机计划成本失控引发了美国军购体系的大规模改革，越南战争的现实促使美国开始重新认识到数量的意义。高低搭配的战术就是在这种背景下提出的：高端保持技术上的全面优势，作为空中攻防的中坚；低端则有所为有所不为，但大大降低的成本使保持足够的数量成为可能。与过去做法不一样的是，低端不是退居二线的过时战斗机，而是在设计的时候就确定其为高端的补充。由于代差，低端战斗机的性能也往往高于上一代的高端战斗机，在特别优化的关键性能上更加如此。从F-15/F-16和F-14/F-18开始，高低搭配成为美国战斗机设计的标准做法，F-22/F-35是最新的高低搭配。从苏-27/米格-29开始，苏联战斗机也开始采用高低搭配的做法。

美国F-14“雄猫”战斗机

高端战斗机成本高昂并不是大手大脚的结果，而是技术和性能要求前沿的结果。所以低端战斗机要降低成本，单纯靠精打细算是做不到的，降低成本必然意味着放弃部分作战性能要求。换句话说，低端战斗机要获得相对低廉的成本，关键在于如何在设计中对作战性能要求和基本技术有所取舍。这种取舍并不是将各项性能均匀缩水，而是有选择地缩水，但必须在关键性能上保持最高标准。

美国 F-15“鹰”式战斗机

一般来说，高低搭配有美国和苏联两种模式。美国模式是“空军制胜论”的结果。尽管在大国中美国空军较晚成为独立军种，但美国空军（当时称为陆军航空队）的地位在“二战”中就已经确立。战后美国空军成为独立军种后不久，艾森豪威尔的“大规模报复战略”成为美国国家战略，战略空军成为美国军事战略的中坚，一切以核大战为中心。肯尼迪时代的“灵活反应战略”重新强化了战术空军的作用，约翰逊时代的“两个半战争”和尼克松时代的“一个半战争”战略继续强调进攻性空军的作用。这样的进攻性战略决定了美国空军的高低搭配必须满足进攻性空军的要求，高端战斗机担负把空战引向敌人天空的攻势制空任务，低端战斗机一方面用作高端战斗机数量不足时的填空补缺，另一方面用作战斗轰炸机，把敌人的战斗机摧毁在地面以配合攻势制空，并在夺取敌人天空制空权之后对敌人地面的一般目标进行广泛攻击。空军的最终作用还在于辅佐或者决定地面的战争。

在这样的作战思想指导下，作为攻势制空主力的 F-15 战斗机在设计中，就有“一磅重量也不用于对地攻击”的口号。此外，“战斗机黑手党”力主轻巧、简单的轻型战斗机，最终导致 F-16 战斗机诞生。但 F-16 战斗机在美国空军的定位是战斗轰炸机，所以最终 F-16 战斗机比“战斗机黑手党”设想的具有更大的重量，航程和载弹量也有所增加，空战方面只要求视距内用红外制导的近程空对空导弹和航炮作为格斗空战的武器。就空战能力而言，F-15 战斗机在翼载、推重比、电子系统能力方面全面优于 F-16 战斗机，体现了两者的定位差别。

美国 F-16“战隼”战斗机

美国 F/A-18“大黄蜂”战斗 / 攻击机

高端战斗机以制空为主，低端战斗机以对地攻击为主，这种战术在 F-22/F-35 的搭配上也体现得非常明显。差别只在于 F-22 战斗机依然一如既往地注重空战能力，而 F-35 战斗机从一开始就强调作为战斗轰炸机来设计，在航程和载弹量上表现十分优秀，但如果将其作为空战战斗机就破绽百出了，这也是 F-35 战斗机众多争议中最重要的一个。

相比之下，苏联的高低搭配策略是另一种模式。苏联的基本军事战略是大陆军主义，海军和空军都是配合陆军决战的辅助军种。具体来说，苏联海军的主要使命不是在大洋上寻求对美欧海军的决战，夺取制海权，进而从海上扼杀美欧的战争能力，而是切断美国通过大西洋向欧洲增援的能力以及美国通过太平洋向日本增援的能力，以确保陆军的胜利。在空中，苏联空军的主要使命也是确保进攻中的苏联陆军不受美欧空中力量的袭扰，从空中攻击美欧的地面目标反而成为次要任务。

苏联苏 -27“侧卫”战斗机

在这样的作战思想指导下，攻势制空不是夺取制空权的一部分，而是前线防空的延伸，或者说是前线防空的额外缓冲。因此，苏联的高低搭配是区域联防式的。苏 -27 和米格 -29 战斗机都以空战为主，在机动性、武器配备和电子系统方面并没有质的差别，这从两者共用 R-27 中程空对空导弹和 R-73 近程空对空导弹作为基本空战武器也可以看出来。但米格 -29 战斗机的机内燃油量和航程明显低于苏 -27 战斗机。换句话说，苏联模式是以防空为主，苏 -27 战斗机负责外线防空，米格 -29 战斗机负责内线防空，两者的分工在于作战空域的远近，而不是空战或对地攻击的差别，对地攻击任务有专用的苏 -24 战斗轰炸机或者米格 -27 攻击机承担。当然，后期的米格 -29 战斗机具备了多用途能力，可以发射各种空对地武器，双座苏 -27 战斗机也衍生出适合空对地作战的苏 -30 战斗机，但两者的远近分段依然存在。

苏联米格 -29“支点”战斗机

美国允许出口 F-35 却禁止出口 F-22 的原因是什么

F-22“猛禽”战斗机是世界上第一款第五代战斗机，其先进的性能和优越的战斗力让不少国家都非常眼馋，可是根据美国一项法令规定，F-22 战斗机却是禁止对外出口的，也就是说现在除了美国空军在使用 F-22 战斗机之外，其他国家想买都买不到。然而，与 F-22 战斗机颇有渊源的 F-35“闪电Ⅱ”战斗机却能大量出口。如果说美国禁止出口 F-22 战斗机是为了防止技术外泄，为什么又允许出口 F-35 战斗机？

F-22 战斗机和 F-35 战斗机都是洛克希德 • 马丁公司参与开发的隐形战斗机，从技术渊源的角度看，两者的确有某种继承关系，但是 F-22 战斗机的开发者还有著名的波音公司，波音公司也是美国主要的航空工业巨头之一。美国选择让两家航空工业顶级集团共同研发 F-22 战斗机，说明它是一款被寄予厚望的重要机型。而从时代的角度看，F-22 战斗机发展于 20 世纪 80 年代，当时的历史背景确实赋予 F-22 战斗机重要的任务使命。所以，F-22 战斗机受到重视是理所当然的。

正在执行任务的 F-22“猛禽”战斗机

由于 F-22 战斗机是世界上第一款能够充分规避雷达探测的隐形战斗机，其技术具备高度的机密性，所以美国出台了禁止 F-22 战斗机出口的法案。为了弥补波音公司在隐形发展方面的技术投入，美国允许波音公司发展具备部分隐形能力的 F-15SE“沉默鹰”战斗机，并允许其出口。

F-22“猛禽”战斗机右侧视角

与 F-22 战斗机不同，F-35 战斗机本身就是基于美国“联合攻击战斗机”计划发展起来的开放式空基平台，包括美国在内的 10 个国家为该机的研发贡献了技术和资金。因此，F-35 战斗机的发展本来就是为了寻求一种共同使用的新机型，其重要内涵是实现美军和盟友之间的高效互动。在这一理念的引导下，F-35 战斗机获得了合理的出口许可证。

F-35“闪电Ⅱ”战斗机在低空飞行

从性能的角度来看，虽然 F-35 战斗机的问世时间更晚，但是综合作战能力仍无法与 F-22 战斗机相比。F-22 战斗机是一种强大的大型多用途隐形战斗机，该机使用 2 台普惠 F119-PW-100 涡扇发动机，可实现二元矢量偏转和超音速巡航。追求性价比的 F-35 战斗机显然无法在隐形方面和 F-22 战斗机比拼，唯一对 F-35 战斗机有利的条件是它们可以被大量生产并用于广泛出口。

值得一提的是，F-22 战斗机产量有限，2009 年美国国会决定中止采购这种造价高昂的战斗机，最终 F-22 战斗机只生产了 195 架，其中包括 187 架标准机和 8 架原型机。因此，就算美国取消不出口的原则限制，这种机型也只够美国自己使用。如今 F-22 战斗机的生产线已经关闭，重新开放的代价非常大。

准备起飞的 F-35“闪电Ⅱ”战斗机

战斗机无人化需要克服哪些技术难题

无人战斗机是一种全新的空中武器系统。现在，这种飞机已从过去主要是执行空中侦察、战场监视和战斗毁伤评估等任务的作战支援装备，升级成为能执行压制敌方防空系统、对地攻击任务，甚至可以执行对空作战任务的主要作战装备之一。

无人战斗机的优点

战斗机实现无人驾驶后，从理论上来说，要比有人驾驶时更有战斗力，因为计算机控制的战斗机不受飞行员的情绪和身体情况的影响，在战斗中既不会胆怯也不会因受到刺激而失去理智。计算机按照程序控制的战斗机在作战过程中几乎不会出现操纵失误，越是复杂危险的飞行环境无人战斗机的安全性就越突出。现代战斗机在机动性能方面的提高始终受到飞行员承受能力的限制，9G 的过载已经成为人体可承受载荷的极限，飞行员的身体承受能力已经明显限制了飞机性能的提高。无人战斗机不需要考虑飞行员在机动过程中的耐受能力，机动过载可以提高到 20G 的标准，理论上已经可以靠机动动作摆脱现役空对空导弹的跟踪，其格斗空战和突防性能将会远远超过由人驾驶的同类作战飞机。

美国“复仇者”无人战斗机

在常规战斗机中，飞行员及其活动空间构成占机体空间总量的 15% ～ 20%，飞行员需要的附属系统其成本占飞机成品成本的 40% ～ 50%，飞行员观察和操作还要限制飞机的气动构成和发动机位置。战斗机无人化后直接的好处就是可以缩小飞机的体积和重量，如果保持体积和重量不变则可以大幅增加飞机的有效载荷，不需要飞行员还可以在提高性能的同时简化结构和降低成本。战斗机如果取消飞行员，设计师可以将飞机的体积缩小 35% ～ 40%，更加简单的飞机结构设计可以明显降低结构重量，并获得更好的飞行性能和更加出色的载荷航程条件。

英国“雷神”无人战斗机

无人战斗机另外一种优势就是在服役后不需要频繁地维护和训练，可以将其采用类似于战术导弹的储存方式进行长期存放，在安全储存周期里内人战斗机既不需要维护也不消耗资源，在全寿命周期使用成本上具有常规作战飞机无法比拟的绝对优势。

无人战斗机的难题

现代无人机在作战用途上已经摆脱了早期将飞机本身作为武器的方式，而是将无人机发展成与常规作战飞机相同的平台，综合机载搜索、跟踪、瞄准装置与数据通信系统功能，在得到作战指令后直接用机载武器攻击被侦察系统瞄准的目标。

法国“神经元”无人战斗机

现代无人作战飞机在精确打击上虽然体现出很高的实用价值，但现有无人作战飞机仅限于担负对地精确打击任务，真正意义上的无人战斗机直到目前仍然缺乏实用装备的条件。现代航空技术在战斗机无人化的硬件方面已经没有明显的困难，但是在关系到作战灵活性和适应性的软件方面还有很大的不足。

现在使用的无人作战飞机大都采用操作者远程异地控制的方式。现有技术完全能够开发出系统完善的异地控制系统，操作者可以在安全的后方通过数据链对无人战斗机进行遥控。人工遥控无人机空战理论上和在飞行模拟器中空战一样容易，难点是操作者怎样对战场上复杂多变的空情进行全面的了解，怎样在强烈电子干扰环境下保证人机异地控制的通信联系。异地控制首先需要确定是在陆地、海上还是在空中设置控制中心，控制中心是固定还是移动以及控制中心与战区的位置。

人工异地控制无人战斗机还要确定是每架无人机都安排控制员，还是单个控制员同时控制几架无人机以及在同一作战区域的多架无人机怎样保证不会互相干扰。

异地控制虽然在技术上容易解决而且也比较实用，但是各种方面的问题都会影响无人机的实际作战环境和效率，直到目前为止还没有国家找到一个适用的最优化方案。

德国“梭鱼”无人战斗机

无人战斗机的最佳状态是飞机可以自主到达战区执行计划的任务，在执行任务的过程中还可以根据具体情况的变化自动进行任务调整，能够在机载自动控制系统的指挥下独立完成作战任务。无人战斗机的自主作战能力是相关技术发展中最高层级的成果，也是对设计单位相关软、硬件设计和综合能力的集中考验。具备良好对空作战性能的无人机在理论上已经能够发挥其作用，计算机取代人脑自动完成目标搜索、跟踪和攻击并不是非常困难，但是无人机空战所需要的运算条件和反应速度远高于对地攻击，不同类型的空战对手在战术和行动特点上没有固定的模式，无人机根据对手的条件进行攻击一规避和电子对抗一反对抗时，计算机必须能够作出和人脑同样灵活的反应和客观的分析，如果计算机无法真正模拟出驾驶员在实战中可能的反应，那么无人战斗机在实战中很有可能成为对手眼中有规律可利用的活靶子。

意大利“天空”Y 无人攻击机（左）与“天空”X 无人攻击机（右）

战斗机量产后如何处理验证机

验证机是战斗机研发过程中在演示验证阶段所使用的飞行平台，主要用于展示将要研发的战斗机的特点与能力，以及验证时所采用新技术的成熟度和可用性，所以，验证机的作用是承包商向军方用户展示其产品的能力特性与证明可行程度。

一般来讲，验证机与量产机会有很大差异。在美国“先进战术战斗机”（即后来的 F-22“猛禽”战斗机）的研发过程中，演示验证阶段持续时间长达 50 个月，美国军方在 7 家参与项目竞标的公司中选择 2 家展开方案竞争，2 家公司各自使用自己研发团队的验证机（分别为 YF-22 和 YF-23）及动力装置，展示各自飞机设计方案的隐身性能和超音速巡航能力，以及项目研发的风险控制方案和技术开发计划。2 家公司分别制造了 2 架验证机，分别采用 2 种不同的发动机。

1990 年 9 月 29 日，“先进战术战斗机”的验证机进行了首飞，YF-22 验证机的特点是采用推力矢量发动机，机动性能更强，成本更低，风险更小；YF-23 验证机的特点是速度更快，隐形性能更好。经综合评估，美国国防部于 1991 年 4 月 23 日宣布洛克希德 • 马丁公司的 YF-22 方案胜出，进入 F-22“猛禽”战斗机的工程制造发展阶段。

YF-22 验证机

与 YF-22 验证机相比，量产型 F-22“猛禽”战斗机的变化较大，例如前缘后掠角从 48 度减至 42 度，垂直尾翼面积减少 20%，座舱位置前移 18 厘米等。所以，进入量产阶段后，验证机的使命已经基本完成，以后只能作为飞机制造公司开展后续研究的飞行试验平台使用，继续发挥验证机的余热。

YF-22 验证机（下）和 YF-23 验证机（上）

同样用于对地作战的攻击机和战斗轰炸机有何区别

攻击机是作战飞机的一种，主要用于从低空、超低空突击敌战术或浅近战役纵深内的目标，直接支援地面部队作战。攻击机的特点是具有良好的低空和超低空稳定性和操纵性；良好的下视界，便于搜索地面小型隐蔽目标；有威力强大的对地攻击武器，除机炮和普通炸弹外，还包括制导炸弹、反坦克集束炸弹和空对地导弹等；飞机要害部位都有装甲保护，以提高飞机在地面炮火攻击下的生存力；起飞着陆性能优良，能在靠近前线的简易机场起降，以便扩大飞机支援作战的范围；机上装有红外观察仪或微光电视等光电搜索瞄准设备和激光测距、火控系统等；有的攻击机还具有垂直/短距起降能力。

美国 A-10“雷电 Ⅱ”攻击机

攻击机是一种以打击敌方前沿和中、近程地面目标为主的航空兵器。美国和俄罗斯等国根据攻击方式、攻击能力和各兵种作战要求的不同，将攻击机分成两大类：一类是可在靠近前线的简易机场起降，在战场上空停留时间较长，载弹量较大，专门打击地面坦克和机动目标的亚音速攻击机，如美国 A-10“雷电 Ⅱ”攻击机、俄罗斯苏-25“蛙足”攻击机。此类攻击机易受对方空中力量袭击，自卫能力较弱；另一类是超音速攻击机，具有低空大表速突防能力，配备强大的对地攻击武器，作战半径较大，有一定的空战和自卫能力，如美国 F/A-18“大黄蜂”战斗 / 攻击机、俄罗斯米格 -27 攻击机、英国 / 法国“美洲虎”攻击机。

小知识：

低空大表速就是在飞机不解体的前提下，飞出飞机速度所能达到的最大逼近值。

俄罗斯苏 -25“蛙足”攻击机

战斗轰炸机是一种综合战斗机与轰炸机功用的军用飞机，同时具有攻击海上、地面目标和空中反击的能力，与以往执行轰炸时需要战斗机护航的轰炸机不同，战斗轰炸机本身具有强大的防空能力，一架飞机就可以确保任务顺利执行。战斗轰炸机的任务是对目标进行密接攻击，作为战术轰炸机使用，它本身具有一定的空防能力，可以充分在区域冲突与地面支援中发挥作用。

战斗轰炸机虽然具备两种飞机的功能，但直至第四代战斗机为止，大部分战斗轰炸机在空战上不如专用空战的战斗机。加上很多战斗机也具备一定的空对地攻击能力，因此现代的战斗机多以空战为主、轰炸为辅，或一种专门空战的战斗机配合一种专门轰炸的战斗轰炸机，如 F-16“战隼”战斗机配合 F-15E“攻击鹰”战斗轰炸机。

虽然攻击机和战斗轰炸机都可以执行对地攻击任务，但两者并非同一机种，它们的区别在于突防手段和空战能力不同。攻击机在突防时，主要依靠低空飞行和装甲保护，战斗轰炸机则主要依靠低空高速飞行；攻击机一般不宜用于空战，而战斗轰炸机具有空战能力；攻击机用于突击地面小型或活动目标，比使用战斗轰炸机更有效。此外，攻击机可在野战机场起降，而战斗轰炸机一般需用永备机场。

美国 F/A-18“大黄蜂”战斗 / 攻击机

美国 F-15E“攻击鹰”战斗轰炸机

美国B-52“同温层堡垒”战略轰炸机长盛不衰的原因是什么

B-52“同温层堡垒”（Stratofortress）轰炸机是美国波音公司研制的八发远程战略轰炸机，该机于1948年制定设计方案，1952年第一架原型机首飞，1955年批量生产型开始交付使用，先后研制了B-52A、B、C、D、E、F、G、H等型别，1962年停止生产，总共生产了744架。20世纪90年代是B-52轰炸机使用的鼎盛时期，有600多架B-52轰炸机在美国战略空军服役，以后大多数早期型号先后退役。

B-52轰炸机仰视图

进入21世纪以后，尽管美国已经有了超音速轰炸机B-1B和隐形轰炸机B-2，但时至今日，B-52轰炸机的后期型号仍在服役。美国空军计划让B-52轰炸机一直服役至2050年，届时其服役时间将超过90年。

B-52轰炸机之所以长盛不衰，主要原因是它的初始设计很有前瞻性。从工程角度来讲，B-52轰炸机既有定型设计又有不定型设计，设计上的灵活性使它可以保持长久生命力，同时也有足够能力应对各种未知威胁。不定型设计意味着B-52轰炸机有很大的提升空间安装额外的系统与组件。在B-52轰炸机服役的60多年时间里，它的航空电子系统、硬件和武器系统都曾被升级，并在武器舱升级之后装备了智能炸弹和有源电子扫描阵雷达，战斗力得到大幅提升。有源电子扫描阵雷达系统可以精确定位，分辨率也高得多。B-52轰炸机还装备了Link 16战术数据链系统，它可以从地面部队和其他空中飞机节点获取数据，从而增强了机动瞄准能力。

B-52 轰炸机准备起飞

B-52 轰炸机侧前方视角

B-52 轰炸机最大起飞重量达 220 吨，可载弹 31.5 吨，是迄今为止美国最重的轰炸机，实用升限为 15000 米，最大航程为 16200 千米。B-52 轰炸机是具有发射巡航导弹能力的美国战略轰炸机中最物美价廉的机种，这也是它持续服役的重要原因。借助“通用战略旋转式发射架”（CSRL），B-52 轰炸机可以在空间有限的内置弹仓里挂载巡航导弹，而 B-2 轰炸机则因为内置弹仓深度和长度问题无法使用。以 B-52H 为例，它最多可挂载 20 枚 AGM-86B 巡航导弹，其中 8 枚都是内置的，旋转式发射架像左轮手枪一样可巧妙地将一枚枚巡航导弹旋转至弹仓口进行投放。这种旋转式发射架还能挂载制导炸弹和普通炸弹等，使内置弹仓的利用更加灵活。虽然 B-1B 轰炸机也可以使用旋转式发射架，但需要拆除前部两个弹仓之间的隔板。

得益于美国先进的电子技术，B-52 轰炸机在拥有绝对制空权时能够对敌方进行攻击，拥有三位一体的精确打击能力。由于它拥有超大的载弹量，航程远，执行任务多样化，因此又被称为“空中多面手”。

B-52 轰炸机及其搭载的导弹和炸弹

美国 B-2“幽灵”隐身战略轰炸机有何先进之处

B-2 轰炸机是由诺斯洛普·格鲁曼公司和波音公司联合麻省理工学院为美国空军研制的隐身战略轰炸机，绰号“幽灵”（Spirit）。它是当今世界上唯一一种隐身战略轰炸机，其隐身性能可与小型的 F-117“夜鹰”攻击机媲美，而作战能力却与庞大的 B-1B“枪骑兵”轰炸机类似。即便是一贯以防空力量著称于世的俄罗斯，对付 B-2 轰炸机都比较吃力。

隐身性能出众

B-2 轰炸机隐身性能出众，其雷达反射截面积不到 0.1 平方米。隐身性能首先来自它的外形。B-2 轰炸机外形光滑圆顺，毫无折皱，不易反射雷达波，驾驶舱呈圆弧形，

B-2 轰炸机和 F-117 攻击机

照射到这里的雷达波不会被反射回去。密封式玻璃舱罩呈斜面，所有玻璃在制造时掺有金属粉末，使雷达波无法穿透舱体，造成反射。机翼后掠 33 度，使从上、下方向入射的雷达波无法反射或折射回雷达所在方向。机翼前缘的包覆物后部，有不规则蜂巢式空穴，可以吸收探测雷达波。B-2 轰炸机因没有垂直尾翼，所以大大减少了飞机整体的雷达反射截面积。机体下方没有设置武器舱或武器挂架，连发动机舱和起落架舱也全部埋入平滑的机翼之下，从而避免了雷达波的反射。

B-2 轰炸机的整个机身，除主梁和发动机机舱使用的是钛复合材料外，其他部分均由碳纤维和石墨等复合材料构成，这些材料不仅不易反射雷达波，而且部件不是靠铆钉拼合，而是经高压压铸而成。此外，整个机体都喷涂了特制的吸波油漆，这在很大程度上降低了敌方探测雷达的回波。为了隐身的需要，B-2 轰炸机的发动机进气口置于机翼上方，呈 S 形，可让入射进来的探测雷达波在经多次折射后，自然衰减，无法反射回去。发动机喷嘴则深置于机翼之内，也呈蜂巢状，使雷达波能进不能出。此外，发动机构件内还装有气流混合器，它能将流经机翼表面的冷空气导入发动机中，持续降低发动机室外层的温度。喷嘴呈宽扁状，使人在飞机的后方无法看到喷口。特别是由于采用了喷口温度调节技术，喷嘴部分的红外暴露信号大为减少，飞机的隐身性能大为增强。

停放在跑道上的 B-2 轰炸机

航程极大

B-2 轰炸机航程极大，机上装有 4 台美国通用电气公司生产的 F118-GE-100 涡扇发动机。飞机在空中不加油的条件下，作战航程可达 1.2 万千米，空中加油一次则可达 1.8 万千米。每次执行任务的空中飞行时间一般不少于 10 小时，美国空军称其具有“全球到达”和“全球摧毁”能力。

航电设备先进

B-2 轰炸机拥有性能先进的雷达和航电系统。机载雷达为休斯公司制造的 AN/APQ-181 相控阵雷达，其工作模式共有 21 种，最突出的是合成孔径雷达工作模式和反合成孔径雷达模式。前者主要用于扫描地貌，可清晰地获取 161 千米距离内地表的扫描图像，供飞机对地面目标轰炸时使用；后者主要用于识别和捕捉海上目标，最远有效距离可达 128 千米。另外，B-2 轰炸机还可运用地形匹配和地形规避技术，贴地低空突入敌方空域去执行轰炸任务。

B-2 轰炸机起飞

B-2 轰炸机的目标瞄准系统采用的是 GPS 辅助瞄准系统，显示模式可放大 4 倍，方便观察瞄准，炸弹击中目标的误差通常小于 6 米。B-2 轰炸机还装有 APQ-50 电子对抗系统，该系统既可为飞机提供雷达预警，又能迅速侦悉敌方雷达所处的方位坐标。飞机上的 ZSR-62 主动式电子对抗系统能够快速、主动地对敌进行干扰和压制。

武器载荷强大

B-2轰炸机的武器载荷非常强大，2个旋转弹架能携带16枚AGM-129巡航导弹，也可携带80枚MK 82或16枚MK 84普通炸弹或36枚CBU-87集束炸弹，使用新型的远程攻击弹药（TSSM）时携弹量为16枚。当使用核武器时，B-2轰炸机可携带16枚B63核炸弹，AGM-129巡航导弹也可装载核弹头。此外，B-2轰炸机还具有发射联合空对地防区外导弹（JASSM）的能力。

B-2轰炸机正在投弹

侦察卫星能不能完全取代有人侦察机的功能

侦察机是专门用于从空中进行侦察、获取情报的军用飞机，是现代战争中的主要侦察工具之一。飞机诞生后，最早投入战场所执行的任务就是进行空中侦察。因此，侦察机是军用飞机家族中历史最长的机种。

侦察机按执行任务范围可分为战略侦察机和战术侦察机。按照侦察机技术类型又可分为有人侦察机和无人侦察机。在现代战争中，随着现代科学技术的发展，特别是信息技术的迅速发展，信息的作用越来越重要，拥有信息优势成为夺取战场优势的关键因素，空中侦察也已成为夺取战争胜利不可或缺的手段。

美国 SR-71“黑鸟”侦察机

有人侦察机具有速度快、侦察范围大和提供信息量多等突出优点，一直倍受军事部门的重视。现在的有人侦察机大致可分为两类：一类是专用型侦察机，如美国的 U-2“蛟龙夫人”、SR-71“黑鸟”战略侦察机、RC-135 战术 / 战略两用侦察机，俄罗斯的图 -214R 侦察机等；另一类是战斗型侦察机，即战斗机通过加装吊舱兼具侦察功能，如美国的 RF-14A 侦察机。战斗侦察机通常会携带必要的弹药。专用型侦察机不携带武器，主要依靠其高速性能和加装电子对抗装备提高生存能力。

美国 U-2“蛟龙夫人”侦察机

美国 RC-135“铆接”侦察机

侦察机通常装有航空照相机、前视或侧视雷达和电视、红外线侦察设备，有的还装有实时情报处理设备和传递装置以及目前最先进的合成孔径雷达。这些侦察设备都被安装在机舱内或外挂的吊舱内。侦察机可进行目视侦察、成像侦察和电子侦察。成像侦察是侦察机实施侦察的重要方法，它包括可见光照相、红外照相与成像、雷达成像、微波成像、电视成像等。

由于防空导弹的发展，使有人侦察机深入敌方的飞行变得日益危险。所以现在的通行做法是让有人侦察机主要执行在敌方防空火力圈之外的电子侦察任务，大部分深入敌方空域的侦察任务由无人侦察机执行。如今，侦察机的隐身技术正在得到广泛应用和发展，以提高侦察机的生存能力。科学技术的发展使现代侦察机的谍报本领倍增。大量高性能的光学、电视、红外、激光和雷达等侦察设备的运用，使侦察机可以及时、准确地获取战场情报，为指挥官作出决策提供依据。

总体来说，虽然无人侦察机和侦察卫星已部分取代了有人侦察机的功能，然而，实战证明，有人侦察机独特的优势以及未来战场上的作用，仍是其他侦察设备所无法替代的。

俄罗斯图 -214R 侦察机

研发空中预警机需要克服哪些技术难题

二战末期，为了对付低空飞机，增加预警时间，空中预警机应运而生。现在它能监视来自各个方向数百千米以外的空中目标，而且能引导和指挥己方战斗机进行拦截，其作用经过多次局部战争已得到充分证明。很多国家极为重视这一机种的研究与使用。

在一般人的印象里，空中预警机不过就是把雷达装在飞机上，应该没有太大困难。到目前为止，真正成功研制出空中预警机的国家只有美国、俄罗斯、以色列和瑞典等。有些国家如英国、印度，它们的国产空中预警机虽然都已试飞，但后来却半途而废，改为从国外高价引进。事实上，研发空中预警机不仅会遇到研发航空器时的常见问题，还有不少特殊难题。具体来说，研发空中预警机需要克服下述各项技术难题。

雷达问题

空中预警机的雷达比地面雷达更复杂，除了体积、重量等限制很严外，性能上要求能消除地面反射的杂波干扰，否则发现不了贴近地面的低空来犯目标。目前，可选用的雷达是有源相控阵雷达与机械扫描脉冲多普勒雷达。前者技术更加先进，以色列“费尔康”、瑞典 SAAB 340、美国 E-737“楔尾”等预警机都采用这种雷达；后者发展时间较长，技术比较成熟，被美国 E-3“望楼”、俄罗斯 A-50“支柱”等预警机所采用。

美国 E-3“望楼”预警机

有源相控阵雷达的优点很多，如可对目标实施不间断跟踪；天线阵列上有数百个或数千个独立的发射 / 接收模块，可完成空中多目标搜索、监视、跟踪、地图测绘或对地探测等多种任务；采用固态器件，可靠性很高。如果雷达的发射 / 接收组件损坏两三个，对雷达整体性能也影响很小。总体来说，有源相控阵雷达功率的利用效率很高。但研制这种雷达难度较大，每个发射 / 接收组件要求加工精度很高，数量又很大，而且雷达中要有很好的能快速处理大量信息的计算装置。此外，这种雷达对电源品质如电压、频率稳定度、抗瞬变能力、抗干扰能力等要求也很高。

相比之下，脉冲多普勒雷达的研制要相对容易一些，但包括大功率磁控管在内的一些电子元器件也不是一般国家所能制造的。

载机问题

目前，从一开始就设计为空中预警机的飞机还没有，几乎都是由民航客机或运输机改装而来。如果载机是从国外进口，一般很难获得飞机强度和空气动力的原始数据，所以只能加大安全余量，改装后飞机可能会增加很多不必要的重量或者有些部位强度不够。同时，飞机的空气动力数据也要重新做风洞试验来取得。无论是采用本国载机，还是从国外进口载机，加装预警雷达的风险都很大。

印度自研的空中预警机以英国 HS748 民航客机为载机，机背上加装了一个大圆盘雷达。该机于 1990 年 11 月首飞，1999 年 1 月在一次降落过程中坠毁，机上 4 名科研人员和 4 名空勤人员全部遇难。原因可能是改装后飞机安定性余度太小，在起飞、着陆等关键时刻，发动机或操纵系统稍有故障即会造成严重事故。

加改装问题

不同的雷达类型，需要安装不同的天线。空中预警机的雷达要求功率大、探测距离远，因此天线都比较长。脉冲多普勒雷达多用圆形天线罩将天线包裹，成为一个大圆盘，圆盘与天线一起旋转。它安装的位置多在后机身上方、垂直尾翼前面，用支架撑起，如 E-2C“鹰眼”、E-3“望楼”、A-50“支柱”等预警机。机身上的大圆盘会影响飞机的空气动力特性，最严重的是圆盘后面的乱流打在垂直尾翼上，使其效率降低，飞机抖动。所以这类预警机一般都需增加垂直尾翼甚至水平尾翼总面积，而且还要设法减轻飞机的振动。此外，外露的天线罩还会使飞机阻力增加、重量加大、重心升高、油耗变大。

俄罗斯 A-50“支柱”预警机

有源相控阵雷达不需要圆形天线罩以及旋转天线驱动机构，对载机的空气动力性能影响也小得多。一般可在机头和机尾各装一个内有雷达天线的大鼓包（如英国“猎迷”预警机），或只有机头鼓包，而在机身左右两侧安装侧向天线（如以色列“费尔康”预警机）。最有趣的一种是将天线板装在后机身上方，如美国 E-737“楔尾”预警机，外形很像体操比赛的平衡木。

总而言之，无论采用哪种雷达天线安装方式，对载机机体结构都要做相当大的改动和局部加固。

全机可靠性问题

空中预警机完成任务的概率应大于 75% ～ 80%，也就是说，即使不考虑敌方防空、拦截等因素，全系统（包括载机）的可靠性要求也很高。任务可靠性与完成任务总飞行时间有关，也与全系统的平均故障间隔飞行时间（MTBF）有关，后者是指平均飞行多少小时该系统即会出现影响任务完成的故障，它与任一关键性部件直接有关。例如脉冲多普勒雷达只要有一个大功率管损坏，整部雷达便会瘫痪。如果该大功率管的 MTBF 是 100 小时，加上别的关键性部件的影响，预警机的总 MTBF

美国 E-737“楔尾”预警机

将会小于 100 小时。如果全机有两个这种水平的部件，预警机的总 MTBF 将会小于 50 小时。

电子对抗与电磁兼容问题

对于现代作战飞机来说，电子对抗是不可避免的问题，而机载设备之间的电磁兼容问题对空中预警机来说非常重要。预警雷达功率很大，露出机外的其他设备天线非常多，相互干扰很难避免。目前，解决电磁兼容问题的方法有拉开波段、天线分区设置、分时使用、允许设备性能适度降低等。

电能问题

民航客机或运输机的用电设备包括机载仪表、照明灯具、空调等，而一旦安装预警雷达，用电量就会大大增加，因此都要加装大功率发电机。加装方法有两种：一种方法是用原来的飞机发动机带动增加的发电机，为此要更改发动机传动机匣。另一种方法是给飞机单独安装一套靠小发动机带动的专用发电机系统。无论采用哪种方法，最终都要消耗飞机的燃油。所以运输机改为空中预警机后，航程会降低不少，往往必须加大油箱容量。

瑞典 SAAB 340 预警机

陆基预警机和舰载预警机有何区别

陆基预警机和舰载预警机在系统构成、工作原理、硬件设备、操作方式以及任务范畴上基本上都是一样的，二者最大的区别是在性能和任务系统的软件算法上。

美国 E-2“鹰眼”舰载预警机

一般情况下，舰载预警机只适合在海上工作，而陆基预警机既能在陆地上空工作，也能在海上工作。这个区别不是因为舰载预警机的预警雷达性能比陆基预警机差，而是舰载预警机需要上舰，对雷达系统的重量和体积要求非常苛刻，在让雷达探测距离足够远的前提下，必须让雷达工作在较长的波长上，因为微波系统的规律是工作波长越长，雷达发射机才能做得越轻，器件也越容易做出来。但是这样一来，会带来性能方面的一些问题，即在天线尺寸一样的前提下，工作波长越长，雷达波的凝聚能力就越差，因此在照射目标时，会有较多的能量散射出去，打到地面上，产生很多杂波，进而影响雷达的探测和分辨能力。

由于海面较为平整，产生的杂波较弱，所以舰载预警机在海上工作时不会出现问题，但陆地上的情况就复杂多了，不仅会产生更多的杂波，杂波的信号特征也更加复杂，所以舰载预警机在陆地上空工作时其下视能力会大打折扣。

E-2“鹰眼”舰载预警机在航空母舰上降落

相比之下，陆基预警机通常都会选择大型飞机作为载机，对雷达天线的体积和重量没有舰载预警机那么多限制，所以雷达的工作范围更加宽泛，更多的任务系统操作员也会让陆基预警机在处理问题时更加游刃有余，既可以在陆地上空执行任务，也能在海上工作。当然了，由于海杂波和地杂波的分布规律和频谱特性不一样，所以陆基预警机要在海上工作，需要在信号处理程序上增加抑制和分辨海杂波的相应算法，这样才能提高工作效率。

美国 E-3“望楼”陆基预警机

由于海上环境腐蚀性较强，所以舰载预警机必须进行防腐蚀涂装处理，而陆基预警机则不需要。陆基预警机的体积比舰载预警机更大，所以机上作业人员会更多，具备的功能更加强大。在舒适性方面，陆基预警机也要强于舰载预警机，又因机上作业人员有更多的合理休息时间，所以持续滞空能力更强。

图 -126“苔藓”陆基预警机

隐形战机会不会让预警机失去用武之地

隐形战机的出现对空战产生了重大影响，凭借其优秀的隐身性能和航电系统，隐形战机在战场上拥有单向透明的优势。隐形战机出现后，其他战机的生存空间被压缩得更小了，尤其是预警机。所以有人会产生这样的疑问：既然预警机已经无法有效探测隐形战机，那么它会不会随着隐形战机的大量服役而被淘汰？

事实上，预警机的本职工作并非只是在空中探测敌机这么简单，它是集指挥系统、情报系统、武器系统于一身的空中指挥所。预警机自 20 世纪 70 年代装备各国空军以来，还从未在战争中被敌人击落过，这至少说明三个问题：一是空中作战强弱力量对比很不均衡，弱势一方很难对预警机构成实质性的威胁；二是对预警机的防御策略是非常有效的；三是预警机对常规战斗机的探测距离很远，可以及时规避战斗机的威胁。

具有出色隐形性能的美国 F-22“猛禽”战斗机

虽然隐形战机的问世让预警机面临的威胁迅速增大，在排兵布阵时预警机将被迫远离战场，而且还需要更多的掩护兵力，但并不代表预警机就会因此被淘汰。

首先，信息是空中作战的先决条件，隐形战机获得局部信息的能力虽然有所增强，但获得全局信息还要依靠平台外的信息节点，这时候预警机对隐形战机作战来说就十分必要了。

美国 F-35“闪电Ⅱ”战斗机同样具有隐身设计

其次，预警机自身也在转型，比如改进雷达提高对隐形目标的探测能力，加装光电系统增加新的探测手段等，加装新型传感器的无人机也可以作为预警机，在高威胁环境下使用。先进的隐形战机作为整个作战体系的信息节点，可以发挥战术预警机的作用。预警机已不再是传统的“预警机”，而是由预警机、无人机、隐形战机和航天系统构成的新型预警体系。

最后，隐形战机会承担起预警机防护的任务，增强预警机应对隐形威胁的能力，预警机的威胁规避机制也会更加完善。

俄罗斯空军装备的苏 -57 隐形战斗机

目前世界上唯一在役的隐形轰炸机——美国 B-2“幽灵”轰炸机

舰载机与陆基飞机有何区别

舰载机是指在航空母舰上起降的飞机，其性能决定着航空母舰的战斗力，舰载机数量越多者实力也相对越强，航空母舰本身也是为了让飞机起降、维修以及使其能长期作战而存在。航空母舰是一个尺寸有限的海上浮动平台，与陆地机场的区别较大，所以舰载机具有一些与陆基飞机不同的特殊设计要求和使用维护特点。

第一，舰载机的起降性能更为优良。由于海洋气象条件和风浪的影响，航空母舰不时摇晃，甲板飞行区域面积有限，这些都增加了舰载机起飞和降落的难度。因此，舰载机通常重心低，抗倾倒能力强，具有比陆基飞机更好的起降性能，以及较低的降落速度，良好的低速操纵性。

第二，起降方式不同。由于航空母舰起飞甲板长度有限，舰载机通常要借助弹射器起飞。起飞时，舰载机上的挂钩与弹射器相连，在自身发动机推力和弹射力共同作用下，只需滑跑几十米便能脱钩飞离甲板升空。降落时，舰载机借助自身的拦阻钩和航空母舰上的拦阻索，只需滑跑很短的距离就能强行停止。因此，舰载机的机体结构更为坚固，起落架的减震性能更好，能够承受弹射起飞加速度和降落时的冲击负荷。

系留在美国海军“布什”号航空母舰飞行甲板上的 F/A-18“大黄蜂”战斗 / 攻击机

第三，大多数舰载机都有折叠结构。这样可以缩减舰载机在甲板停机坪上的占用面积，以便多放一些值班飞机，同时也便于舰载机在空间有限的机库中存放。多数舰载机的机翼可以向上折叠，有的舰载机还可以将机头和垂直尾翼折转。另外，舰载机的机身有系留装置，可将其系留在舰上，以防止航空母舰剧烈摇摆时飞机翻倒。陆基飞机却没有必要设计这种的功能。

第四，舰载机的抗腐蚀能力比较强，以抵御海水的侵蚀。由于航空母舰的可移动性，它可能会遭遇几乎所有的天气和环境状况。在高海况、低温、强风和腐蚀性盐雾等恶劣环境条件下，以常用的镁、铍等材料来制造舰载机并不合适，必须选用综合性能良好的材料，尤其对疲劳强度和断裂韧性要求较高。舰载机的结构材料和功能材料必须有良好的三防性能，即防盐雾、防潮湿以及防霉菌的能力。同时，还应采用先进的表面防护技术对舰载机表面进行防护处理，并采用密封等措施来防止环境的腐蚀。

此外，舰载机的研制费用和售价均高于多数同类陆基飞机，而且有的飞机因操作技术复杂，还要求必须由高等级的飞行员驾驶。

美国空军装备的 F-16“战隼”战斗机

舰载固定翼反潜机为何销声匿迹

反潜机是航空母舰搭载的重要机种，舰载固定翼反潜机和舰载反潜直升机都曾在反潜作战中大显身手。然而，现在各国现役航空母舰几乎都没有配备舰载固定翼反潜机，哪怕航空母舰技术先进、舰载机型号丰富的美国也是如此，这是为什么呢？

事实上，我们可以从美国海军舰载固定翼反潜机的发展历程一窥究竟。20 世纪 50 年代末，随着苏联“十一月”级核潜艇的诞生，苏联核潜艇的建造一发不可收，数量越来越多。由于核潜艇具备超长时间的潜航能力，拥有较强的隐蔽性和较高的航速，其威慑力得到大大提升，到了 20 世纪 60 年代和 70 年代，苏联海军的核潜艇几乎遍布大洋，且频繁冲破北约的反潜封锁线，使美国海军颇为头疼。而当时美国航空母舰搭载的 S-2“追踪者”反潜机航程较短，反潜设备落后，已经无法适应美国海军越来越大的反潜需求。因此，美国海军决定研制一款全新的舰载固定翼反潜机，搭配岸基的 P-3C 反潜巡逻机执行反潜作战任务，其成果就是 S-3“维京”反潜机。

美国海军 S-2“追踪者”反潜机

S-3 反潜机于 1974 年正式服役，一共生产了 187 架。作为美国海军第一种喷气式舰载固定翼反潜机，S-3 反潜机在机翼内侧吊装了两台通用电气 TF34-GE-2 涡轮风扇发动机，该发动机单台推力 41.2 千牛，特点是油耗低、加速性能好，能在 3.5 秒内由进场状态加速到 95% 推力，以保证复飞。凭借这两台发动机和不错的气动布局，S-3 反潜机的飞行速度达到了 883 千米 / 时，最大航程高达 6085 千米，完全可以对核潜艇进行的长时间追踪和探测。

S-3A 反潜机的主要探测设备包括 AN/APS-116 带前视雷达、AN/ASQ-81 磁异探测器、SSQ-41 声呐浮标系统等，而其改进型 S-3B 则换装了更加先进的 AN/APS-137（V）雷达和 AN/ARP-78 声呐浮标接收机系统，不但可以携带 MK 46 反潜鱼雷，还可以携带“鱼叉”反舰导弹，多用途性能大大增强。此外，S-3 反潜机还衍生出 US-3A 通用运输型、KS-3A 加油机型、ES-3A 电子侦察型，良好的平台设计使其成为名副其实的航空母舰多面手。

客观来说，S-3 反潜机的作战性能是毋庸置疑的。在执行搜索 - 攻击或侦察任务的时候，S-3 反潜机的最大作战半径可以达到 1000 海里左右，而任务时间最长超过 8 小时，不仅能对舰队周边海域进行仔细的搜索，还能对潜艇进行长时间的跟踪、识别。但是，由于冷战结束，美国海军反潜压力不断降低，最终美国海军决定仅依靠岸基反潜巡逻机和 SH-60 舰载反潜直升机执行反潜任务，S-3 反潜机就此被彻底取代。其他国家的航空母舰也几乎都改为依靠舰载直升机进行反潜作战，舰载固定翼反潜机就此从舰载机家族中消失。

美国海军 S-3“维京”反潜机

研发大型军用运输机需要克服哪些技术难题

大型军用运输机一般指最大起飞重量超过 100 吨的运输机，它具有快速运送大量兵员、武器装备和其他军用物资到作战前线的能力，能够确保部队战略机动、战术投送的规模化、快捷性和突然性。由于大型军用运输机用途广泛，因此还可作为空中预警机、空中加油机、电子干扰机、海上巡逻机、特种任务飞机等支援机型的改装基础平台。

毫无疑问，大型军用运输机在未来战争中将起到越来越重要的作用，世界各国越来越重视这类机型的研制和发展工作。不过，大型军用运输机研发技术要求高，研发费用耗资巨大，而且研发和试验周期长，所以当今世界上能够独立研发大型军用运输机的国家极少。具体来说，研发大型军用运输机需要克服下述各种技术难题。

苏联安 -225“哥萨克”大型运输机

第一，大型军用运输机对起降要求非常高。现代战争中，军用运输机需要把作战物资直接运抵前线，而前线的机场跑道环境非常复杂，甚至不乏松软的土质跑道。军用运输机以超过 150 吨的重量在土质跑道上短距起降，对机身的强度、起落架的设计是十分巨大的考验，比民航客机的要求高得多。而且，军用运输机为了缩短降落时间，从而减少暴露在敌方火力下的时间，通常会采用更陡的下降曲线，降落时的冲击力会更大，这也在客观上增加了机身和起落架的设计难度。

美国 C-17“环球霸王Ⅲ”大型运输机

美国 C-5“银河”大型运输机

第二，大型军用运输机为了保证大型货物比如主战坦克能够开进货舱，机身尾部必须采用大开门设计。为了满足装载主战坦克的要求，要求机身和货舱的宽度必须超过 4 米。直径大、大开门的机身结构不完整，如何在大负载条件下保证不变形，设计难度非常大。为了保证结构的完整性，提高刚度，民航客机的尾部都是完整的结构，只在机身侧面设置小侧门。日本 C-2 运输机的样机就曾在测试中发生尾舱门变形的事故，导致不得不重新设计加强。

第三，大型军用运输机还要考虑中弹后的损伤容限能力。在作战前线，任何事情都有可能发生，磕磕碰碰是常见的事情，而且被敌方火力命中也是大概率事件。所以，大型军用运输机在结构设计上必须做到“轻伤不下火线”。相比之下，民航客机就没有这个要求，即便是一条划痕都要仔细检修。

总而言之，大型军用运输机特定的使用要求和作战环境决定了它的设计和制造难度。当然，并不是说民航客机就容易制造。两者的使用条件不同，导致技术上完全是两条不同的路线。民航客机追求经济性和安全性，军用运输机则追求性能和战场生存性，两者相同的地方是都追求可靠性和可维护性。

日本 C-2 运输机

倾转旋翼机与传统飞行器相比有何优势

倾转旋翼机是一种将固定翼飞机和直升机融为一体的新型飞行器，有人形象地称其为空中“混血儿”，它既具有普通直升机垂直起降和空中悬停的能力，又具有涡轮螺旋桨飞机的高速巡航飞行的能力。

倾转旋翼机的历史

20 世纪 60 ～ 80 年代，美苏争霸进入了白热化时代，双方都在拼命发展新型武器装备。在苏联与阿富汗的战争中，苏军米 -24“雌鹿”武装直升机在战场上表现出来的强大作战能力给美国带来很强的震撼，美国提出要研制和装备更高速度和飞行能力的直升机，以对抗苏联武装直升机已占有的优势。美国选择了能够在飞行速度上取得更大突破的横列双旋翼的结构设计，即倾转旋翼，作为新的作战直升机的技术优势。

早在1972年，贝尔公司就接受了美国陆军和国家航天航空局关于共同发展XV-15倾转旋翼机的任务。1981年，美国在XV-15旋翼机的基础上研制成功了实用型倾转旋翼机，1985年1月它被正式命名为V-22“鱼鹰”（Osprey）。作为一种倾转旋翼机，“鱼鹰”的机身、机翼和普通固定翼飞机基本相似，但是其位于机翼两端的螺旋桨发动机却可以上下转动。当螺旋桨发动机从水平状态转到垂直状态时，“鱼鹰”倾转旋翼机就可以像直升机一样实现垂直起降和悬停，当螺旋桨发动机处于水平状态时，就能给飞机一种向前的推力，使其能像固定翼飞机一般飞行。当螺旋桨发动机处于这两种状态之间时，既产生了升力，又产生了推力，能使飞机以低速飞行。

美国的倾转旋翼机试飞成功后，立刻成为全世界关注的焦点。而苏联却不以为然，他们认为这种倾转双旋翼系统结构布局的直升机，没有新的技术优势，而且会有很大的飞行风险。所以，在苏联时期及后来的俄罗斯直升机界，很长时间对倾转式横列双旋翼直升机结构，基本上没有产生太大的兴趣。

相比之下，“鱼鹰”倾转旋翼机的发展一直没有中断。2004年10月，美国空军部长、空军参谋长以及负责特种作战的国防部副部长等一批美军方官员在试乘了“鱼鹰”

美国V-22“鱼鹰”倾转旋翼机

倾转旋翼机后，都给予了高度评价，他们认为“鱼鹰”倾转旋翼机所发出的声音比普通直升机更小，而降落和起飞则更迅速。“鱼鹰”倾转旋翼机能够做到美军以前没有做到的事情，并赋予了美军前所未有的作战能力。

倾转旋翼机的特点

与直升机相比，倾转旋翼机航程远，航速高。在特种作战中，一般都是以直升机作为运载工具，就以美国著名的CH-46D“海骑士”直升机为例，其最大巡航速度为268千米/时、航程仅为366千米，如此短的航程和过慢的航速已不能满足特种行动的需要。而“鱼鹰”倾转旋翼机在满载、垂直起降的条件下，航程超过2200千米，在满载、短距起降条件下，甚至能达到约3000千米的航程。据称，一架“鱼鹰”倾转旋翼机从夏威夷起飞后，通过各个美军基地的转场飞行，即可到达世界上大部分地区，这样的高航程，可使作战部队深入偏远地区实施作战任务成为现实。倾转旋翼机凭借其高速性，能使作战部队以较快速度通过危险地区，而且它还有能力在一个夜间就把作战人员输送到数百千米以外的行动地点，在完成任务后又可以迅速返航。

V-22“鱼鹰”倾转旋翼机仰视图

虽然倾转旋翼机具有将直升机和固定翼飞机二者优点集于一身的优势和特点，但它既不能完全替代传统的直升机，也不能替代固定翼飞机，而是只属于一种填补直升机和固定翼飞机之间性能和应用空白的机型。与武装直升机相比，由于构型特点和设计重量的限制，倾转旋翼机在以直升机方式飞行时，其机动能力远较直升机为低，这主要是受到旋翼系统过载能力的限制。以“鱼鹰”倾转旋翼机为例，旋翼系统过载能力仅为 1.4，远小于直升机的 3.5，因此也就不具备武装直升机需要的机动能力，所以直到目前为止，美国还没有发展武装型倾转旋翼机的意向。所以说，倾转旋翼机不能完全替代传统直升机。

另外，倾转旋翼机虽然在运营经济性上比直升机占优，耗油率比较低，但是在复杂的地形环境区域从事吊运、架线，紧急医疗救护等飞行作业，由于传统直升机具有比倾转旋翼更优的空中悬停性能，尽管运营成本比倾转旋翼机高，却仍能在发挥重大社会效益的同时，取得很好的成本效益。而倾转旋翼机目前在这些特殊的应用领域还难以发挥出像直升机一样的效用。这主要是因为它在设计上兼顾了前飞性能和垂直起降性能要求后，空中悬停无法做到直升机那样灵活自如。

V-22“鱼鹰”倾转旋翼机准备降落

V-22“鱼鹰”倾转旋翼机在低空飞行

美国最新一代倾转旋翼机 V-280 有何先进之处

V-280“勇猛”（Valor）倾转旋翼机是贝尔直升机公司研制的美国第三代倾转旋翼机，在 V-22“鱼鹰”倾转旋翼机及其各类子型的生产计划结束后，V-280 倾转旋翼机很有可能取代 V-22 的位置。V-280 倾转旋翼机已于 2017 年 12 月 18 日完成了首次试飞，计划在 2030 年前入役。

V-280 倾转旋翼机的技术革新

以目前 V-280 倾转旋翼机的性能来看，美国陆军应该对其比较满意。与美国陆军目前常用的 UH-60“黑鹰”直升机相比，V-22 倾转旋翼机在飞行速度和作战半径上都提高了 50% 左右，达到了 509 千米 / 时的最大飞行速度，446 千米 / 时的巡航速度和 722 千米的作战半径；而 V-280 相比 V-22 其性能提升非常高，美国陆军对于新一代倾斜旋翼机的巡航速度要求只有 425 千米 / 时，而 V-280 达到了 520 千米 / 时的巡航速度与 580 千米 / 时的最大飞行速度，且作战半径根据载重不同，最低 930 千米，最高 1480 千米。即使在吊挂 1 门 M777 榴弹炮的情况下，也能达到接近 300 千米 / 时的巡航速度。

V-280 倾转旋翼机侧面视角

V-280 倾转旋翼机能有如此大的性能提升，说明其技术上的革新之处不少。首先是全新设计的 V 形尾翼，能同时起到垂直尾翼与水平尾翼的作用，相比常规的四尾翼结构，大大减轻了结构重量。其次是发动机舱，V-22 的发动机舱是全动式，而 V-280 的发动机舱则通过一系列复杂的机械结构，使大部分重量相对集中的部件不需要转动，如此一来，便大大减少了发动机舱的机械结构，对提高可靠性有很大的作用。另外，还规避了另一个问题：避免在起降阶段吸入尘土损害发动机，避免发动机喷出的热流烧伤人员。这一设计技术早在 V-22 研发时就有过尝试，不过因为各种复杂的原因，直到 V-280 才被应用。

V-280 倾转旋翼机与 M1 主战坦克协同作战

V-280 倾转旋翼机在低空飞行

V-280 倾转旋翼机的隐身版本

为了提高 V-280 倾转旋翼机的生存能力，贝尔直升机的设计师还在研发隐形版 V-280。与常规版 V-280 机身外形不同，隐形版 V-280 采用了几何学隐身技术，机身形状更加扁平，发动机短舱、变速箱以及机头部位都采用了利于隐身的扁平化造型，整个机体变得更加低矮，并由此降低了自身的可探测性能，提高了战场上的生存能力。

V-280 倾转旋翼机仰视图

此外，与常规版 V-280 采用的上反 V 形尾翼不同，隐形版 V-280 采用的是下反 V 形尾翼，所以隐形版 V-280 的机翼很有可能会像 V-22 一样旋转至与机身平行，缩小飞机占用的空间，从而能够被收入两栖攻击舰等军舰的机库内，随舰执行任务。值得一提的是，隐形版 V-280 还可以挂载“地狱火”反坦克导弹，具备了对地面装甲目标的攻击能力。

美国海军为何要发展舰载无人加油机

2019 年 9 月，美国海军 MQ-25“黄貂鱼”舰载无人加油机首次试飞。该机预计 2023 年开始在航空母舰上进行测试，2025 年形成初始战斗力。MQ-25 项目是 X-47B 项目的接替型，未来将部署在航空母舰上，除了用作加油机外，还有可能用作舰载战斗机的无人僚机。

舰载加油机是航空母舰舰载机联队整体战斗力构成中不可或缺的组成部分。在 2001 年阿富汗战争中，美国海军航空母舰舰载机联队需要深入阿富汗内陆地区执行作战任务，每次战斗出航都需要陆基起飞的加油机提供 2 ～ 3 次空中加油，才能保证舰载战斗机的有效滞空时间。这种加油方式极大地限制了舰载战斗机的作战效能。

MQ-25“黄貂鱼”无人加油机在高空飞行

美国海军“尼米兹”级航空母舰的舰载机主要包括 F/A-18“大黄蜂”战斗 / 攻击机、E-2C“鹰眼”预警机（或 E-2D）、SH-60“海鹰”反潜直升机等。美国海军航空母舰舰载机联队的作战距离只有 830 千米左右，其作战半径并不突出。未来在局部战争和武装冲突中，美军未必会拥有像阿富汗和伊拉克那样的周边陆上军事基地，所以舰载加油机的作用更加凸显。

发展舰载无人加油机对美国海军具有十分重要的现实意义。舰载加油机是航空母舰战斗力的重要组成部分，但由于航空母舰甲板的空间有限，无法容纳大型加油机，因此美国海军现役航空母舰往往采用战斗机挂载加油吊舱的方式进行“伙伴加油”，但这样就必须减少用于作战的战斗机数量。目前，美国航空母舰舰载机联队中有 20% ～ 30% 的 F/A-18“大黄蜂”战斗 / 攻击机被用于执行为其他战机进行空中加油的任务。如果 MQ-25“黄貂鱼”无人加油机投入使用，这些 F/A-18“大黄蜂”战斗 / 攻击机就能回归本职工作。

机翼折叠后的 MQ-25“黄貂鱼”无人加油机

MQ-25“黄貂鱼”无人加油机具有诸多优势。一方面，其脱胎于“舰载无人空中侦察和打击系统（UCLASS）”项目，该项目的前期研制工作卓有成效，很多技术已经成熟，在此基础上发展舰载无人加油机，可以使研制周期大大缩短。另一方面，无人加油机气动设计技术相对比较简单，无须复杂的武器火控系统，其成本较 UCLASS 项目有显著下降。而且，由于无人加油机省去了很多有人战斗机的必备设施，载油量更大，续航时间更长，可以显著提升航空母舰舰载机联队的空中加油能力。按照美国海军的要求，MQ-25“黄貂鱼”无人加油机需要具备到达指定加油区域为 4 ～ 6 架战机进行空中加油的能力。

MQ-25“黄貂鱼”无人加油机能够使舰载战斗机的作战半径扩展至超过 1300 千米，改善美国航空母舰舰载机联队缺乏专业舰载加油机的现状，并大幅提升舰载机的作战效能、生存力和使用灵活性。

美国总统专机“空军一号”有何特别之处

“空军一号”（Air Force One）是美国总统的专机，它是名副其实的“空中白宫”，奉行“总统在地上能干什么，在空中也照干”的原则，又被称为“飞行的椭圆形办公室”。

严格来说，“空军一号”只是一个象征性的称号，在美国空军内部，它不区分飞机的种类与数量，只要是美国现任总统的座机，都统称为“空军一号”。也就是说，只要是隶属于美国空军的飞机，无论哪架，只要美国现任总统乘坐，从登上飞机的那一刻起，该飞机即可被称作“空军一号”。目前，美国总统最常用的是两架 VC-25A 飞机，尾号为 SAM 28000 和 SAM 29000，两架飞机都是改装过的波音 747-2G4B 民航客机。

尾号为 SAM 29000 的“空军一号”专机

内部构造

“空军一号”主要改装了飞机的内部装潢和设施，以更适合总统在空中行使其职责。飞机最下层的机舱通常用作货舱，大多数乘客房间位于中层机舱，而上层机舱主要用于装载通信设备。机上共有近 400 平方米的空间，可容纳 70 名乘客和 26 名乘务人员。总统拥有一个“总统套房”，起居室内有席梦思床、真皮沙发、高级地毯、电动窗帘等；套房内还有一间浴室，淋浴设备齐全。起居室的隔壁就是总统椭圆形办公室，另外还有一间工作室，里面配有最新的录影设备、投射荧幕、地图。专机上还有第一夫人专用房间、高级官员房间等。机身中段是供总统助手、记者及其他工作人员使用的休息室。

“空军一号”的下层空间还有一个大餐厅和两个具有现代化功能的“空中厨房”，可以同时满足100多人的就餐需要。飞机上的食品采集属于随机模式，为了保证总统的食品安全，通常会在飞机起飞的当天早上或者前一天晚上去普通超市采集，以避免恐怖分子的蓄意破坏。机上还有一个医疗中心，配有一个可折叠的手术台。医疗中心的所有设备完全采用最先进的尖端器材，遇到任何紧急状况，它都能立即发挥急救功能，甚至比一般的医院急诊室更为现代化。

“空军一号”同时也是“空中五角大楼”和临时的美国三军空中指挥中心。机上配备了完善的通信系统，能为美国总统及其助手提供全球各地正常或机密资料的传送和接收。机上各种电线长度达到3000千米，配置了87条电话线、10台高级计算机、1台大型复印机、1台传真机以及57架各类天线。机上装备了具备空对空、空对地功能的多重脉冲频率无线电通信设备，其主要功能是当“空军一号”在遭遇核爆炸影响或外来电波干扰时，保证机上人员的安全和通信设备的畅通运作。

“空军一号”专机右侧视角

飞行性能

“空军一号”配有4台通用电气CF6-80C2B1发动机， 最高飞行速度1128千米/时，飞行高度是13750米。在不进行空中加油的情况下，“空军一号”的航程可达10000千米，在空中滞留的时间约为12小时；如果在空中加油，则可在空中滞留72小时，足以将美国总统送往全球任何一个地方。

“空军一号”每天24小时都处于准备起飞状态，18名机组人员和最精密的仪器，使它能在任何时候、任何地方与白宫进行最紧密的联系。

“空军一号”专机在高空飞行

防护性能

“空军一号”机身上覆盖的厚装甲可以抵御核弹爆炸的冲击波，所有窗户都安装防弹玻璃。专机内还有一个自动弹射装置，遇到紧急情况可以自动启动，把总统弹到安全的地点降落。

“空军一号”拥有先进的反导弹系统。空防人员坐在装有各种电子显示仪和屏幕的工作台前，可以监视专机四周的所有空间。一旦发现导弹袭击，他们可以立即启动电子干扰系统，诱使导弹改变方向，从而确保“空军一号”的安全。两架“空军一号”一模一样，一架作为主机，另一架作为副机。若主机发生故障，总统可以随时换乘副机。通常在总统登机前，安全部门必须派出一队工作人员检查并在飞机燃油上做好标记，以防有人破坏。另一队工作人员还要检查跑道，总统登机或下机时若有危险，这些人将立刻开枪。当机队在空中遭遇导弹袭击时，副机能自动发出一种电磁波，用来吸引导弹攻击，保护主机脱险。降落时，主机和副机一前一后落地，外人不会知道总统到底在哪架飞机上。

美国总统出国访问时，至少还有一架国家情报局的通信飞机陪同，目的是监测可能来袭的导弹电波。此外，还有两架总统直升机、多架C-130“大力神”运输机以及10辆防弹汽车随行。

停放在跑道上的“空军一号”专机

军用无人机如何提高生存能力

与载人飞机相比，无人机具有体积小、造价低、使用方便、对作战环境要求低等优点。但是，无人机在面对现代防空系统时生存能力较低。为提高生存能力和机动性能，各国无人机大多都开始向隐身化、高速化方向发展。

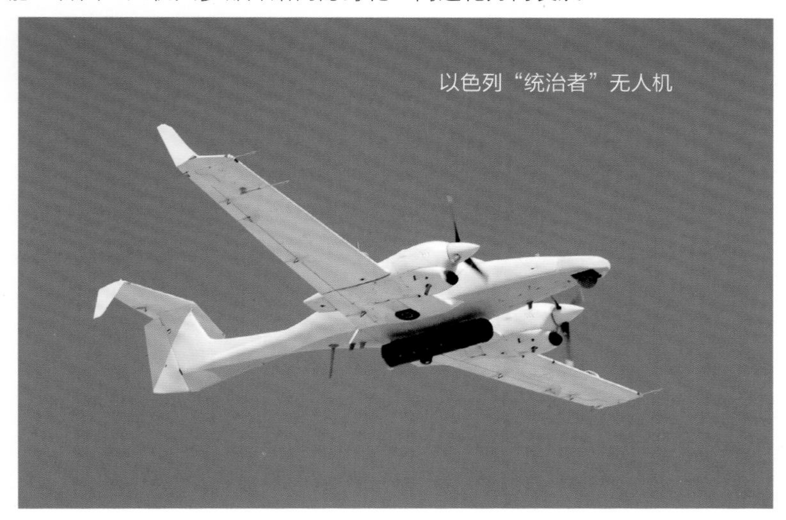
以色列“统治者”无人机

目前，军用无人机主要用于执行侦察任务。对于提高生存能力来说，无论是高空还是低空侦察，隐身化对于执行侦察任务的无人机都非常重要。例如，在科索沃战争中，执行低空飞行任务的英国“不死鸟”（Phoenix）无人机的隐身性能较好，塞族军队只能听到发动机的声音，而雷达上却看不见飞机，它的生存能力很强。而法国“红隼”（Crecerelle）无人机因为飞行速度太慢，被击落 1 架。因此，新型无人侦察机将采用最先进的隐身技术，具体措施有下述两种。

法国“红隼”无人机

第一，采用复合材料、雷达吸波材料和低噪声发动机。美国 MQ-1“捕食者”（Predator）无人机的机身除了主梁以外，全部采用了石墨合成材料，并对发动机进出口和卫星通信天线进行了特殊设计，其雷达信号特征只有 0.1 平方米，对雷达、红外和声传感器都有很强的隐身能力。俄罗斯“无风”隐身无人机装备有一台涡轮喷气发动机，能够进行垂直起降，最高飞行速度可达 780 千米 / 时。该机在制造过程中使用了大量的吸波材料，具有较强的隐蔽飞行能力。

第二，采用限制红外反射技术。在无人机表面涂上能吸收红外线的特制漆和在发动机燃料中注入防红外辐射的化学制剂，雷达和目视侦察均难以发现采用这种技术的无人机。另外，减少表面缝隙或采用充电表面涂层等方法也能增强其隐身性。

美国 MQ-1“捕食者”无人机

至于高速化，主要是通过采用高性能发动机来实现。提高无人机的飞行速度，除了使其机动性能提高外，无疑也能增大突防概率、提高其生存能力。无人机对发动机的要求较高，除了要求油耗率低、功率大外，还要求其有大的功重比。因为同样功率的发动机，油耗越大、质量越重，则意味着可搭载的任务设备就越少。随着航空发动机技术的不断改进，无人机也将具备越来越高的飞行速度和机动性能。

奥地利 S-100 无人机

研发高超音速飞机需要克服哪些技术难题

高超音速被视为下一代飞行技术，它一般指飞行速度超过 5 倍音速（约 6000 千米 / 时）以上。高超音速飞机采用的超音速冲压发动机被普遍认为是继螺旋桨和喷气推进之后的第三次动力革命。除了速度优势外，高超音速飞机还具有轨迹复杂的特点，令拦截更加困难。不过，高超音速飞机存在技术门槛高、研制难度大等诸多问题，目前仅有美国和俄罗斯等少数国家展开了相关研究。具体来说，研发超高音速飞机需要克服以下技术难题。

发动机研制困难

以有动力高超音速飞机为例，要将飞机在大气层内的飞行速度提高到 5 倍音速甚至更高，冲压发动机必须利用超音速气流燃烧燃料。虽然超音速冲压发动机进气口形状特殊，能减缓吸入气流的速度，但无法将气流的速度降低至亚音速。因此，带来了一个大难题：如何让冲压发动机吸入超音速气流，并且在超音速气流中点燃燃料。其难度无异于“在龙卷风中点燃一根火柴”。

气动控制难度大

目前，人类对高超音速高空飞行过程中复杂气流场的分析与预测以及大空域和宽马赫数下的飞行控制还知之甚少，需要进行大量的高速风洞试验、计算机模拟，更需要进行实际飞行测试，技术难度和研制风险都很大。

美国 HTV-2 高超音速飞机与火箭分离想象图

以美国 HTV-2 高超音速飞机为例，其飞行速度要经历从 22 倍音速再入，16 倍音速以上速度开始滑翔，最后减速到 4 倍音速的过程；飞行高度也从 60 千米左右开始，最后降低到 20 ～ 30 千米，飞行距离高达 5500 千米，其横向机动能力也有 2000 千米。如何在高超音速飞行条件下进行气动控制，是 HTV-2 高超音速飞机研发过程中的最大难题。

热防护系统和结构设计困难

由于高超音速飞机要进行 5 倍音速以上的飞行，即使飞行高度在空气稀薄的高空，气动加热现象仍然非常严重。因此，为了保证飞行过程中飞机的安全，需要使用耐高温、抗氧化、结构强度高的先进轻质材料，同时要精心设计飞机的气动外形和壳体工艺。此外，高超音速飞机在高温高压条件下的密封和连接技术、耐热隔热透波的一体化材料以及制造工艺，同样是热防护系统要面对的巨大挑战。高超音速飞机在面对外部超高温的同时，内部必须保持常温，以保证内部载荷和设备的正常运转。

例如，美国 HTV-1 高超音速飞机在研制过程中使用了曲面构型，但由于在壳体制造中对材料应力考虑不足，洛克希德•马丁公司最终跳过 HTV-1 直接研制 HTV-2，并吸取教训使用了易于制造、工艺更成熟和简单的低曲率壳体，但 HTV-2 在第二次飞行试验时仍然因结构解体而失败。之后，洛克希德•马丁公司开始研制 HTV-3X“黑燕”高超音速飞机。

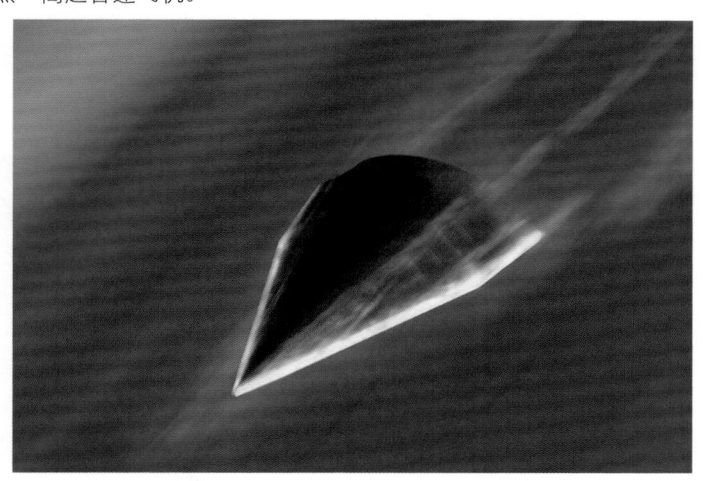

美国 HTV-2 高超音速飞机再入大气层想象图

制导、导航和控制技术难度大

制导、导航和控制（Guidance Navigation and Control，GNC）是高超音速飞机完成飞行任务的基本保障，但高超音速飞机面对的 GNC 技术难度要比传统飞机大得多。目前，人类对高层大气的了解仍十分有限，高超音速飞机在高空稀薄大气中飞行时会出现长时间的黑障，这就限制了地面指令、卫星导航等技术的运用。在高超音速飞行状态下，来自外界或是本身微小的扰动也会被快速放大，从而带来严重的后果，因此飞控传感器和控制系统需要尽快对姿态异常作出反应。此外，GNC 系统必须根据飞机先进气动布局和控制机构进行设计，其技术难度可想而知。

美国 HTV-3X“黑燕”高超音速飞机想象图

地效飞行器迟迟未能大范围应用的原因是什么

地效飞行器是利用地面效应提供支承力而飞行的运载工具。它装有固定机翼，能贴近地面（或水面）飞行。因机翼下表面离地面很近，形成气流的堵塞，使机翼升力增加，被称为地面效应。地效飞行器将飞机空中飞行的高速性和海上舰船的高承载性完美地结合在一起，在水天之际填补了超低空和掠海面的飞行空档。

地效飞行器的历史

早在航空业发展初期，飞行员就发现飞机（尤其是小展弦比、下单翼、宽翼展飞机）在着陆过程中，当飞行高度与飞机翼弦长度相近时，会出现一种附加升力，使飞机不太容易完成着陆。最初，人们在发现这种现象时，并不明白这种附加升力的特性，也没有去专门研究如何应用这种附加升力，只是简单地给它起了一个“空气垫”的名字。直到出现诱导阻力理论后，人们才弄清楚这种现象的实质，对其进行了更科学的分类，称其为“邻近地面效应”，又称“地面效应”或“地屏效应”。

地面效应是指飞行器由于地面或水面干扰的存在，升力面（通常指机翼）的下洗作用受到阻挡，使地面或水面与飞行器升力面之间的气流受到压缩，即机翼下面的压力升高，因而增大了机翼升力，同时减少了阻力（即机翼诱导阻力因气流流过的条件改变而减小）的两种空气动力特性。

后来，人们在不断的认识过程中，研制出了一种利用地面效应提供支撑力而飞行的飞行器，与气垫船不同的是，它必须有前进速度才能产生地效作用，所以也称作“动力气垫地效翼船”。地效飞行器曾被称作“两不像”：如果说它是飞机，它却不需要机场起降，而且能像船一样在水上航行；如果说它是船，它却又能像飞机一样飞行。

苏联研制的“伦”级地效飞行器

从 1897 年法国人最早进行地面效应飞行试验至今，人类对地效飞行器的理论研究和实践试验已有了上百年的历史。不过因种种因素的制约，很多国家在该领域所取得的成就远不如在水上和空中运载工具方面那么明显，在这方面独领风骚的是苏联/俄罗斯。苏联/俄罗斯的专家经过几十年的努力，已经解决了地效飞行器的空气动力学、结构强度、安全性和使用可靠性问题及其相应的结构材料、发动机和机载设备的保障问题，并成功地研制出各种用途的地效飞行器。

地效飞行器的优点

（1）高承载性与高速性。地效飞行器的载运量可达自重的 50%，而著名的波音 747 飞机载运量仅为其自重的 20%；它可完全脱离水面或地面航行，需要克服的阻力只有水的 1/800，因此其飞行速度比一般船艇速度高 9 ～ 14 倍，比大多数高速船也快 2 ～ 4 倍。

（2）高运输经济性。客运地效飞行器的单位千米耗油量基本上与现代先进飞机相当，但它却不像飞机必须从投资大的机场跑道起降，并且具有一定的爬坡登岸能力。与船舶相比，货运地效飞行器每千克负载以 500 千米 / 时的航速运送 5000 千米的运输费用仅相当于常规船舶以 40 千米 / 时航速的运输花费。

（3）多航态营运特性。地效飞行器一般都具有低速排水航行、中速气垫状态航行和高速离水航行等特性。

（4）高耐波性与适航性。由于地效飞行器采用动力气垫增升等技术，大多都能在 3 级海情下顺利起降，在浪高小于 3 米时稳定安全地巡航航行。两栖性地效飞行器不仅可在水面、冰面、雪地上低空掠行，还具有一定的爬坡、登岸能力，它不受航道环境和码头条件限制，可以快速将人员和货物运往目的地。

“伦”级地效飞行器正面视角

（5）良好的隐蔽性和突防能力。地效飞行器通常都可贴水面或地面高速掠行，所以一般都处在敌方雷达盲区内，很难被发现。即使被发现，它也能规避敌舰载或陆基防空武器的拦截，突防能力很强。

（6）较强的作战能力。地效飞行器比现有的导弹快艇速度更快、机动性更好，可利用其高速性和突防能力对敌舰进行有效攻击，而敌人的水雷、鱼雷不会对其构成威胁。

（7）多用途性。在军事领域，地效飞行器除可用于攻击敌方舰艇及实施登陆作战外，也可用于执行运送武器装备、快速布雷、扫雷等任务，还可为海军部队提供紧急医疗救护。在民用领域，地效飞行器不仅可用于客、货运输，还可用于资源勘探、搜索救援、旅游观光、远洋渔船和钻井平台换员运输、通信保障与邮递等。

“伦”级地效飞行器侧面视角

地效飞行器的技术障碍

许多军事家预言，地效飞行器将成为现代立体战争的组成部分，在军事上的应用前景十分广阔。然而，地效飞行器发展至今尚有不少技术难题尚未解决，所以迟迟没有大范围应用。

首先，地效飞行器设计理论还不成熟。与常规飞机设计不同，这种飞行器由于在飞行中不仅受地面效应影响，还会受到海情、浪高等许多随机因素的影响，在整个航行过程中大都处于非定常飞行状态，空气动力原理十分复杂，特别对飞行器操稳特性的控制和操纵面的设计带来很大的难度，因此这种飞行器的设计需大量依靠风洞试验和水面实际试航，不仅费时费钱，还很难找到一般规律。

其次，地效飞行器要经常从水面进入空中，又要从空中进入水面，这两种介质的交替使用会给机体造成特别大的冲击载荷，并使飞行器的气动力受到强烈扰动，造成翻转、强烈颠簸，严重时甚至会破坏机体结构，导致机翼折断、机身破损等。

苏联 A-90 地效飞行器紧贴水面飞行

美国研发的“自由升降机”有何特点

2022 年 5 月，美国国防部高级研究计划局（DARPA）宣布，将启动一项被称为“自由升降机”（Liberty Lifter）的重型水上飞机设计项目，该项目旨在将快速灵活的战略起重能力与水中起降能力相结合，使该飞机可以在没有陆基或舰基跑道的条件下起降。据称，DARPA 准备提供 1500 万美元来开发两个概念原型。系统级关键设计审查计划在 2025 年进行，第一架全尺寸原型机最早可能在 2027 年试飞。

DARPA 在 2021 年发布的一份有关水上飞机的信息征询书中指出，当前水上飞机的“运输时间为几天到几周，并且依赖于诸如高度发展的港口等辅助设施”，这些限制了它们支持海上行动的能力。

与现有的水上飞机相比，“自由升降机”不需要跑道和港口设施，具有更强的操作灵活性以及更快的运输速度。“自由升降机”将会以具有地面效应的飞行器为基础，例如俄罗斯的“里海怪物”地效飞行器，它通过利用飞行器在接近水面时产生的空气动力推力，在水面上滑行。不过，与地效飞行器不同，“自由升降机”将在波涛汹涌的海面上进行高度可控的飞行，并在中海拔地区持续飞行。

DARPA 表示，在设计“自由升降机”时，将重点关注三个主要领域，即海上操作的扩展、合理的生产成本和复杂的飞行控制，这将有助于控制起飞期间动态空气和水的相互作用。

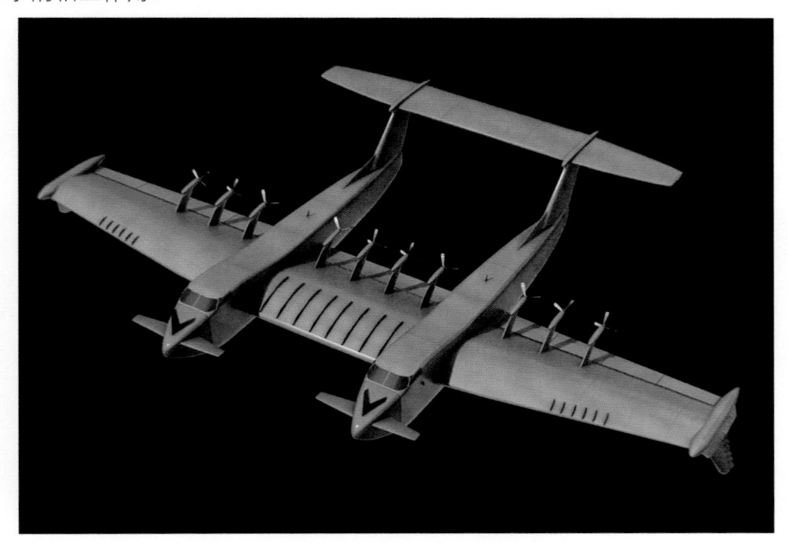

“自由升降机”艺术想象图

水上飞机淡出军事舞台的原因是什么

水上飞机是指能在水面起飞、降落和停泊的飞机。一战期间，水上飞机已经被搭载于巡洋舰吨位以上的舰艇执行侦察与协助舰炮射击的任务，同时还可执行反潜、船团护航、沿海巡逻与轰炸等各种任务。虽然水上飞机在一战中没有西线战场上的陆基飞机那么光彩夺目，但经过战争淬炼，完成了从初生到成熟的蜕变，让世界各国认识到了它的巨大价值，从而为后来在二战中大放异彩奠定了基础。

水上飞机的巅峰时期

二战时期，水上飞机的使用与发展进入巅峰时期，美国、英国、德国、日本与意大利等国都有各种军用水上飞机，这些飞机除了继续担负巡逻、护航、侦察、反潜、轰炸与射击标定等任务之外，也会使用鱼雷攻击其他海上目标，或者与敌方水上飞机进行空战等。战争期间，表现最出色的水上飞机当属美国 PBY“卡特琳娜”水上飞机和英国“桑德兰”水上飞机。前者生产数量高达 4000 多架，超过了其他水上飞机的总和，几乎参加过美军所有海战；后者一共生产了 700 多架，在大西洋上空取得了辉煌战绩。这两种水上飞机仅在大西洋反潜战中就击沉了 40 余艘德国潜艇，为同盟国的船队提供了坚实的保障。

二战后期，航空技术再次发生重大跃升，喷气式飞机开始出现。然而，这场革命却让水上飞机走向了末路。水上飞机独特的船身造型使其在气动性能上天生就不如陆基飞机，这种缺陷在动力不足的年代还不太明显，可到了喷气时代，差距瞬间被拉大。对于速度就是生命的战斗机而言，这无疑是致命的。因此，水上飞机逐渐退出军用领域，仅有少数国家继续用其担负救援或者反潜等任务。

美国 PBY“卡特琳娜”水上飞机

水上飞机没落的原因

水上飞机从刚刚能够进行基本的起降作业到成为各国海军的主战装备，仅仅用了 20 多年时间，成长速度惊人。其快速发展的原因是多方面的，从主观上来说，水上飞机兼具海空的特性使其顺理成章地成为海军航空兵的首选装备，从客观上来说，军用水上飞机实际上是特定时代背景和技术发展阶段的产物。

首先，受限于当时的航空技术水平，虽然陆基和水上飞机同时发展，但两者的性能基本相近，各有所长，不存在孰优孰劣的问题。例如，水上飞机拥有机体宽大、续航时间长等独特优势，是早期空中预警机等特种机型的首选。对于高度追求实用化的军队来说，自然不会选择陆基飞机。另外，二战时期航空母舰发展处于初级阶段，舰载战斗机的性能受限，而水上飞机则对载舰技术要求相对较低。

PBY“卡特琳娜”水上飞机贴近海面飞行

其次，陆基飞机受限于使用条件。陆基飞机发展初期，不仅陆地机场的数量非常少，而且条件较差，这大大限制了陆基飞机的活动范围和应用场所，毕竟当时的飞机航程较短。反观水上飞机，只要有一定面积的江河湖海都能成为起降场所，因此可执行任务的范围要广泛得多。二战正处于现代海战的成熟期和变革期，各国都在追求更新更强的海战装备，水上飞机自然受到青睐。

英国“桑德兰”水上飞机

纵观二战，水上飞机的作用实质上类似于现在的舰载直升机，能够随时在海上固定地域进行作业，某些条件下甚至比悬停在半空的直升机效果更好。而舰载直升机的蓬勃兴起，正是水上飞机逐渐退出军事舞台的重要原因之一。

俄罗斯别-200“牵牛星”水上飞机

Part 02

机 体 篇

虽然不同类型的军用飞机在外形上各不相同，但大多数还是有相同的主要结构。固定机翼飞机的机体由机身、机翼、安定面、飞行操纵面和起落架五个主要部件组成。直升机的机体由机身、旋翼及其相关的减速器、尾桨和起落架组成。

复合材料是不是衡量军用飞机先进性的重要标志

复合材料（Composite Materials）是由两种或两种以上不同性能、不同形态的材料，通过复合工艺组合而成的新型材料。复合材料既能保持原材料的主要性能，又能通过复合效应与协同效应获得单一原材料不具备的性能，克服单一材料的缺点，从而满足各种不同的需求。

采用了少量复合材料的美国空军 F-16“战隼”战斗机

复合材料的分类

复合材料包括基体材料（Matrix）和增强材料（Reinforcement）两种类型。基体材料主要起到包裹、支撑和保护增强材料的作用；增强材料是复合材料的关键，分布在基体材料中起到提高增强基体材料性能的作用，如提高强度、韧度及耐热性等，增强材料与基体材料存在明显的不同。

复合材料可以根据基体材料类别、增强材料形态、复合材料功能的不同进行分类。按基体材料类别区分，复合材料可分为金属基、有机非金属基与无机非金属基，如树脂基、铝基、钛基复合材料等；按增强材料形态区分，复合材料可分为纤维增强、颗粒增强、短纤维增强、片状增强等，如纳米碳管、碳纤维复合材料等；按材料功能区分，复合材料可分为结构复合材料、功能复合材料及智能复合材料，如导电复合材料、光导纤维材料、形状记忆合金材料等。

目前，复合材料正成为各类航空以及国防装备的关键材料，其用量已成为衡量军用装备先进性的重要标志。美国国防部在 2025 年国防材料发展预测中提到，只有复合材料能够将耐高温、高强度、高模量的指标在现有基础上同时提高 25% 以上。

法国空军“幻影 2000”战斗机使用的复合材料比例为 7% 左右

复合材料的特点

复合材料之所以能发挥如此重要的作用，主要是因为它具有下述几种突出特点。

第一，各向异性和材料可设计性。这是复合材料最大的特点。复合材料的性能取决于基体、增强体和其含量、铺设方式。复合材料的力学性能及热、光、防腐、抗老化等性能都可以按照使用要求和环境条件，通过组分材料的选择和匹配以及界面控制等手段，对复合材料进行合理的设计，可用最少的材料满足设计要求，有效地发挥材料的作用。

第二，整体成型。复合材料的构件与材料是同时形成的，具有复合材料的组分材料在复合的同时也形成了最终结构，一般不再对复合材料进行加工。因此复合材料的整体性较好，可大幅减少零部件和连接件数量，降低成本、缩短加工周期、提高可靠性。

第三，比强度、比模量高。飞机结构上主要使用的复合材料以碳纤维树脂基复合材料为主，它具有很高的比强度和比模量。比强度和比模量是材料强度和弹性模量与密度的比值，比强度和比模量是真正体现材料性能优劣的参数，意味着较少的材料能承受更高的载荷。先进的复合材料比强度可以高出铝合金 6 ～ 10 倍，比模量高出 4 倍，先进复合材料的应用能大幅降低飞机的结构重量。

作为一项新兴的材料技术，复合材料首先在军用飞机上得到应用。复合材料的发展对航空装备的发展有着重要意义。军用飞机性能的优劣一半取决于设计，另一半取决于材料。材料的优劣对速度、高度、航程、机动性、隐身性、服役寿命、安全可靠性、可维修性等性能具有重大影响。根据统计，飞机减重中有 70% 是由航空材料技术进步贡献的。

瑞典空军 JAS 39“鹰狮”战斗机的机体有 25% 由碳纤维复合材料制成

复合材料主要用在军用飞机的哪些部位

自飞机诞生以来，其材料结构先后经历了 4 个发展阶段，复合材料的广泛使用使其正在迈入第 5 阶段。这五个阶段分别为第一阶段（1903——1919 年），木、布结构；第二阶段（1920——1949 年），铝、钢结构；第三阶段（1950——1969 年），铝、钛、钢结构；第四阶段（1970——21 世纪初），铝、钛、钢、复合材料结构（以铝为主）；第五阶段（21 世纪初至今），复合材料、铝、钛、钢结构（以复合材料为主）。

20 世纪 60 年代，玻璃纤维增强复合材料首先开始应用于飞机的整流罩、襟副翼中。此时，复合材料力学性能还相对较低，应用复合材料制造的飞机零部件尺寸小、受力水平小。20 世纪 60 年代后期，硼纤维 / 环氧树脂复合材料开始应用于飞机结构。例如，美国 F-14“雄猫”战斗机于 1971 年开始将硼纤维增强环氧树脂复合材料应用在平尾上。

F-14“雄猫”战斗机机体结构中有 20% 复合材料

F-15“鹰”式战斗机

20 世纪 70 年代中期，诞生了以碳纤维为增强体的高性能复合材料，开启了复合材料在军用飞机上的大规模应用。碳纤维增强复合材料具有卓越高比强度、高比模量、耐腐蚀、耐疲劳性能，非常适合航空装备制造。军用飞机的垂尾、平尾等受力较大、尺寸较大的部件开始逐步使用碳纤维增强复合材料，如 F-15“鹰”式战斗机（美国）、F-16“战隼”战斗机（美国）、F/A-18“大黄蜂”战斗 / 攻击机（美国）、米格 -29“支点”战斗机（苏联）、“幻影 2000”战斗机（法国）等军用飞机的复合材料尾翼、垂尾。从 20 世纪 70 年代至今，欧美国家的军用飞机尾翼已经全部采用复合材料。采用复合材料的平尾、垂尾一般占飞机全部结构重量的 5% ～ 7%。

米格 -29“支点”战斗机

在尾翼进入复合材料时代后，复合材料的应用开始向军用飞机的机翼、机身等结构受力大、尺寸大的主要构件发展。1976 年，美国麦克唐纳·道格拉斯公司率先研制出 F/A-18“大黄蜂”战斗 / 攻击机的复合材料机翼，并于 1983 年正式服役，把复合材料用量提高到 13%。此后，各国所研制的军用飞机的机翼也几乎全部采用了复合材料，如 AV-8B“海鹞 Ⅱ”攻击机（美国）、B-2“幽灵”轰炸机（美国）、F-22“猛禽”战斗机（美国）、F/A-18E/F“超级大黄蜂”战斗 / 攻击机（美国）、F-35“闪电 Ⅱ”战斗机（美国）、“阵风”战斗机（法国）、JAS 39“鹰狮”战斗机（瑞典）、“台风”战斗机（英国、德国、意大利和西班牙）、苏 -37“侧卫 F”战斗机（俄罗斯）等。

目前，世界先进的军用飞机中复合材料用量占全机结构重量的 20% ～ 50% 不等，主要应用复合材料的部位包括整流罩、平尾、垂尾、平尾翼盒、机翼、中前机身等。

如果复合材料占飞机总重量的 50% 左右，则全机绝大部分结构件均由复合材料制成，如 B-2“幽灵”轰炸机（目前世界上唯一的隐形战略轰炸机）。

B-2“幽灵”轰炸机

军用飞机的起落架有哪些类型

起落架的主要作用是供飞机起飞、降落和地面移动等，它不仅是飞机结构的组成部分，而且还是一个包含众多机构的复杂综合系统。起落架关系到整架军用飞机是否能够顺利起飞和安全着陆。

起落架的设计要求

第一，军用飞机在起飞、着陆和地面运行等工作条件下，应当保证除起落架之外，机体其他部分及外挂物同地面之间有着适当的间隙。第二，机轮的充气压力及起落架设计方案的选择应当同机场路面的承载能力相适应，并满足规定的承载能力要求。第三，可以承受规定的着陆撞击载荷、刹车载荷、不平路面滑行的撞击载荷，具有良好的稳定性和阻尼特性，不能产生过多的振动和前轮摆动。第四，具有符合战技术要求的刹车和减速效能，拥有良好的地面滑行稳定性和机动能力，特别是在侧锋着陆及高速滑行时，军用飞机应当保持稳定。第五，起落装置应当有合适的结构固定支点、收放机构和收藏空间。系统有可靠的防错设计、防错标志，简便可靠的检查维修方式，并配备有应急系统。第六，应满足规定的地面牵引、顶起和系留要求。第七，起落架的主要部件及机轮应当满足规定寿命要求。第八，强度、刚度和疲劳断裂性能合格，重量轻，能够满足型号分配的重量指标。

起落架的布局形式

军用飞机的起落装置一般包括起落架的结构部件；地面滚动部件；控制部件；辅助减速部件；起落架舱门及其收放装置和系统；地面操作系统和其他子系统，比如用于牵引、顶起、系留以及防止擦撞尾部的尾部缓冲装置以及拦阻装置。

虽然起落架的结构在大体上是相同的，但考虑到飞机的不同特征，起落架的布局形式主要有三种，即前三点式、自行车式和后三点式。其他形式的起落架一般是根据特殊需要设计的，其中最常见的是为大型飞机设计的多点式起落架。

装有前三点式起落架的法国“幻影Ⅳ”轰炸机

前三点式起落架的两组主轮布置在飞机重心靠后的地方，另一组前轮布置在飞机的头部下方。这种布局在现代飞机上被广泛应用。其优点是飞机在地面运动时的方向稳定性能良好；着陆时可猛烈刹车且不会导致飞机向前翻倒，从而可以采用高效刹车装置，大大缩短着陆滑跑距离，对高速飞机非常有利，着陆操纵相对简单；飞机的纵轴线接近水平位置，飞机滑跑条件下，起飞速度快。前三点式起落架的缺点是前起落架长、受力大、重量大，有时候甚至会造成飞机布置的困难。

后三点式起落架一般只配备小型、低速和内置活塞式发动机的飞机，也就是将起落架的主轮布置在飞机中心的靠前处，另一个尾轮布置在飞机的尾部。这种起落架的空间容易保证，尾部起落架重量较轻且又短又小，因此容易布置和收放。另外，地面滑跑时迎角很大，可以利用飞机阻力来减速，从而减小着陆和滑跑距离。后三点式起落架的缺点是高速滑跑时，遇到前方撞击或强烈制动，容易导致飞机倒立；实际速度超过规定值时，飞机容易发生“跳跃”现象；起飞和降落时滑跑不稳定；向下视界不佳。后三点式起落架主要用于早期飞机，现在已经很少采用。

装有前三点式起落架的俄罗斯苏 -35“超侧卫”战斗机

自行车式起落架的布局是在机身下部的飞机重心前后各设置一个主轮，并在机翼下方各安装一个护翼轮。这种布局形式一般用于有特殊需要的飞机，例如在中机身上装有弹舱的 B-52“同温层堡垒”轰炸机和采用垂直起降方式的 AV-8B“海鹞Ⅱ”攻击机。军用飞机采用自行车式起落架，可以解决飞机主起落架的收放问题。这种布局方式的缺点是前起落架承受载荷大，起飞滑跑时不容易离地造成滑跑距离增大，且不能采用主轮刹车等。

放出起落架准备降落的 B-52“同温层堡垒”轰炸机

装有自行车式起落架的 AV-8B“海鹞Ⅱ”攻击机

后三点式起落架在喷气时代迅速被淘汰的原是什么

1903 年，美国莱特兄弟发明并且成功飞行的第一架飞机是没有起落架的，只能用带轮子的小车在滑轨上靠落锤装置弹射辅助起飞。1906 年，巴西的飞机制造者、飞行家桑托斯 • 杜蒙特发明的飞机，首次出现了类似现代起落架的装置，在采用轮式起落架以后，飞机在地面的移动、起飞前滑跑和着陆性能方面都有了很大的提高。到了一战时，后三点式起落架的格局逐渐确立，即起落架的两个支点（主轮）对称地安置在飞机重心前面，第三个支点（尾轮）位于飞机尾部。后三点式起落架一直应用到二战后期，也就是在 20 世纪二三十年代的战斗机，均设计为后三点式起落架，如德国 Bf-109 战斗机、英国“喷火”战斗机等。

装有后三点式起落架的德国 Bf-109 战斗机

随着二战的结束，飞机进入喷气时代，在非常短的时间内，后三点式起落架迅速被淘汰，这是为什么呢？其实，这和飞机的飞行速度、喷气飞机的结构、气动布局等均有关系。早期的螺旋桨飞机之所以会广泛应用后三点式起落架，而没有采用四点式或五点式起落架，就是因为后三点式起落架结构简单稳定，易于装置尾轮。与前轮相比，尾轮结构更简单，尺寸、质量都较小，这点在当时很重要，螺旋桨飞机最大的特点自然是机身前端巨大的螺旋桨，而要想螺旋桨远离地面，就必须将飞机机身前端抬高，后三点式起落架的设计自然最为稳定。

装有后三点式起落架的英国“喷火”战斗机

另外，早期的螺旋桨飞机因为动力不足，克服阻力是每款飞机首先要解决的问题。采用后三点式起落架，飞机在正常着陆时，3 个机轮会同时触地，这就意味着飞机在飘落时的姿态与地面滑跑、停机时的姿态相同。从这个角度来讲，在降落时因为有巨大的仰角，可以利用较大的飞机阻力进行减速，从而可以缩短着陆时间和滑跑距离；相反，较大的仰角在起飞时操作更加方便高效，阻力也最小，可谓两全其美。

而到了喷气时代，不仅后三点式起落架优势全无，之前的缺点也被放大。后三点式起落架最大的弊端就是飞机重心位于主轮之后，主轮的高度比尾轮高，因此当飞机在滑行或停泊时，在驾驶舱的飞行员只能仰望天空，能够看到地面的视野非常有限。所以起飞时一进入跑道要先左右两个方向转再对正跑道加速起飞，这个程序是让飞行员透过左右转向目视跑道尾端来确认对正跑道，因为后三点式起落架的飞机在对正跑道时，飞行员是看不到的。而且一不小心，或者地面不平、有碎片时，就会以“拿大顶”的方式着陆。

小知识：

拿大顶是头手倒立运动的俗称。这是一种反常规运动，其姿势是头朝下脚向上，双手贴地，身体或倚墙或不靠任何物体。

除了视野外，还有喷气式飞机的设计布局和螺旋桨飞机也有很大的不同。螺旋桨时代，发动机、挂载、机翼以及重心位置均为前置，所以前部布置两个轮子，作为主起落架，后面一个保持平衡。到了喷气时代，飞行速度得到了很大的提升，为了减小阻力，机翼开始采用后掠角设计技术，再加上后移的发动机和挂载，飞机的重心自然也被后移，设计前三点起落架是必然的结果。另外，由于喷气机起降速度快，起降不好控制，后三点起落架导致的视野不好的问题也变得更为致命。

装有前三点式起落架的法国“幻影Ⅲ”战斗机

就喷气式飞机本身而言，前三点起落架可以让起飞滑跑尾部的喷流不会直接吹向地面，飞机在离地爬升阶段尾部的喷流才会直吹地面。而如果是后三点起落架的话，从滑跑阶段开始，喷气式发动机的高温喷流就会一直作用在跑道上。因此，从喷流的角度来看，前三点起落架也更适用于喷气式飞机。

当然，前三点式起落架也不全然是优点，前起落架承受的载荷大、尺寸大、构造复杂，因而质量大，小迎角状态因而不能充分利用空气阻力进行制动，前轮会产生摆振现象等。不过由于现代飞机的着陆速度较大，并且保证着陆时的安全成为考虑确定起落架形式的决定性因素，前三点式着陆时，只用后两个主轮接地，比较容易操纵，这方面与后三点式相比有着明显的优势，因而得到最广泛的应用。时至今日，现代飞机除一些装有活塞式发动机的轻型、超轻型低速飞机外，基本上已经不再使用后三点式起落架了。

装有前三点式起落架的德国“狂风”战斗机

战斗机的轮胎与汽车轮胎有何区别

轮胎对于战斗机来说是非常重要的部件，可以说没有轮胎，战斗机根本无法在地面起降。因为战斗机在降落的时候，较大的机身重量和较快的飞行速度会对机身产生非常大的作用力，而轮胎不仅可以减轻机身受到的伤害，还能够对战斗机起到刹车作用。我们知道，爆胎是汽车的常见事故，但战斗机几乎不会发生爆胎。那么战斗机使用的是实心轮胎还是充气轮胎，为什么爆胎率那么低？

米格 -29“支点”战斗机的轮胎

事实上，战斗机使用的轮胎是一种特种轮胎，它与汽车的轮胎不同，汽车的轮胎都是有内胎结构的，而战斗机的轮胎是一种无内胎、双胎面轮胎。简单来说，战斗机轮胎的内部和外部都是一样的，但这并不意味着战斗机轮胎就是实心轮胎，而是在实心的基础轮胎内部留有一层空洞，空洞里面充有气体，与一些汽车轮胎充空气不一样，战斗机轮胎充的是氮气或者氩气，普通战斗机轮胎充氮气，超音速战斗机轮胎则需充氩气。

为什么战斗机轮胎需要充氮气或者氩气？那是因为空气在热胀冷缩的时候变化非常大，而战斗机轮胎对于机体是非常敏感的，稍有变化就会影响战斗机的平衡，而氮气或者氩气是一种惰性气体，不会因为温度过高或者过低而发生变化，也就是说不会因为热胀冷缩的变化而受到影响，所以它们非常适合用于战斗机的内胎充气。除了变化小的特点外，氮气或者氩气还可以提高战斗机轮胎的安全系数。因为空气中含有氧气，物体受到氧气的影响就会发生氧化反应，时间久了物体就会受到损害，而氮气或者氩气可以保护战斗机轮胎不会发生氧化反应，因为这两种气体不含有氧气。

F/A-18“大黄蜂”战斗 / 攻击机的轮胎

一般来说，战斗机或者普通轻型飞机的轮胎里面只有一层空洞，而如果是大型飞机比如轰炸机、运输机、加油机等，这些飞机的轮胎则有多层空洞。也就是说，大轮胎里面装有一个缩小的中等轮胎，然后中等轮胎里面还有一个小型轮胎，大轮胎与中等轮胎，中等轮胎与小型轮胎之间都会填充氮气或者氩气。这样做的目的就是让轰炸机、运输机和加油机等大型飞机在降落的时候不会像战斗机那样左右摇摆，以提高降落时的安全性。

F-22“猛禽”战斗机正在更换轮胎

美国空军地勤人员正在检查
F-35“闪电 II”战斗机的轮胎

战斗机轮胎之所以没有采用内胎，主要是为了方便拆解，以免在激烈的战斗中影响战斗机的作战效率。战斗机轮胎非常方便维护、保养和拆装，在需要飞行的时候直接向轮胎充气就可以了。由于战斗机轮胎是由特种材料制成的，价格非常昂贵，所以出现磨损后不会直接作废，一般都会回收到工厂进行特殊处理，然后再对磨损的部分进行翻修，经检验合格后再次投入使用。

玻璃座舱如何提升战斗机的作战效率

在 20 世纪 40 年代第一代战斗机刚问世时，座舱内只有简单、耐用、廉价的航电设备。当飞行员执行低空高速任务时，完全依赖这些设备提供飞行和导航信息，但它们发挥的作用相当有限。20 世纪 50 年代第二代战斗机问世后，这些缺点就更加突出了，随着机载系统和仪表日益复杂化，飞行员必须花费较多的时间低头查看，不仅影响掌握战术态势的能力，更会危及低空飞行的安全性。

20 世纪 70 年代中期，战斗机座舱内的仪表和开关已经超过上百个，飞行员需要随时注意一大堆指针、符号，手忙脚乱的情况让人担心。美国主要的航空企业和国家航空航天局共同启动了座舱多功能显示器研究计划，把基本的飞机系统、飞行和战斗数据综合成显示器上清晰易懂的图形和符号，最后出现了完整的“玻璃座舱”（Glass cockpit）概念。

美国 F-16“战隼”战斗机飞行员在玻璃座舱中观察外部情况

时至今日，玻璃座舱已经成为战斗机的标准设备，作为一种现代化的显示系统，它使用多功能显示器取代了几乎所有的传统仪表。老式座舱里繁多的样式不同、功能各异的机电指针仪表大多被取消，仅留下少数几个（如罗盘）供紧急备用。玻璃座舱仪表板上的大型计算机显示器不仅能显示虚拟仪表，还能根据飞行员的需要显示其他功能，如飞行规划、武器控制等，能大大减轻飞行员的工作负荷，因此玻璃座舱也被誉为战斗机座舱的革命性发展。

玻璃座舱内的重要设备包括抬头显示器、夜视系统、先进综合头盔系统、战术态势显示器等。与老式座舱相比，玻璃座舱可使飞行员无须环顾座舱四周的仪表，消化各仪表的片段信息，就能获知周围空域敌情以及机载传感器和武器的重要信息。

美国 F-15“鹰”式战斗机座舱内复杂的仪表

从航空业界全盘接受多功能显示器来看，就能知道玻璃座舱有多成功。这是因为飞行员对飞机和战术态势越了解，飞行就越安全，也就越有效率。以图形方式显示的关键仪表，如高度计、姿态仪、速度表，不但容易阅读，维护成本也不像传统仪表那样昂贵。玻璃座舱紧急备用和保障性能良好、重量轻、电力需求也比机电仪表少。

事实上，由于指针仪表的读值一目了然，玻璃座舱显示器大多忠实地还原了它们的外观。所以就人机工程而言，玻璃座舱的主要优点不在于显示方式的改变，而在于在需要时才显示飞行和战斗信息。显示系统在飞行员需要时才会发出警告或警告信息，让飞行员的信息负荷大幅降低，飞行员仅需注意最重要的信息就行了。

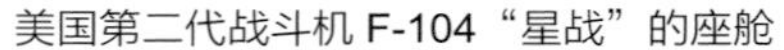
美国第二代战斗机 F-104“星战”的座舱

美国 F-22“猛禽”战斗机的玻璃座舱

制造战斗机座舱盖的原材料是不是玻璃

玻璃座舱是现代化战斗机的标准设备，但是座舱盖并不是玻璃制品，而是用塑料制成的，这主要是由座舱盖的性能要求所决定的。

座舱盖的必备特性

第一，透光性。座舱盖要方便飞行员观察座舱外部环境和机务人员观察舱内情形，所以必须具有良好的透光性。先进战斗机的座舱盖透光率可以达到70%～80%，甚至达到 90%。

第二，阻光性。座舱盖在允许可见光进入座舱的同时，还要防止红外线和紫外线的进入。这一方面是为了防止高空强烈紫外线对飞行员眼睛和皮肤的伤害，另一方面是因为这两种光波对座舱盖和座舱内的很多非金属材料都有加速老化的作用，因此要尽可能的挡在外面。

第三，防撞性。飞行中，座舱盖如果遇到飞鸟撞击穿透，会对飞行员的安全构成致命威胁，因此必须具有一定的强度。一般规定，战斗机在以最大速度飞行时如果被 1.8 千克重的鸟类撞击，不会产生无穿透性损害。

美国 F-15“鹰”式战斗机开启座舱盖

第四，耐温性。战斗机在高速飞行特别是超音速飞行时，高速气流对飞机表面的摩擦，可导致温度上升。因此座舱盖应当具有合理的耐温性能。

第五，保温性。在高空低温环境下，为了保持座舱内部的合理温度，并防止低温在座舱盖表面形成雾膜或冰层，座舱盖的风挡上还会有成对出现的金属丝作为加热除雾的电极。

美国海军勤务人员正在清洁 F-14“雄猫”战斗机的座舱盖

第六，隐身性。战斗机发展到第四代，对座舱盖又提出了一种特殊的要求，就是隐身需求。具体来说，就是阻挡和吸收雷达波的进入和射出座舱。座舱内是空腔结构，各个部件是很大的反射源。外部电磁波摄入座舱后，很容易经过多次反射后再多次射出座舱，形成腔体反射效应（类似角反射器），大大增加了战机的雷达反射截面积。另外，座舱内有多种设备会主动发射电磁波，这些电磁波不但具有暴露飞机方位的信号特征，通信电波甚至有可能暴露战斗机作战信息，从而不仅增加了战斗机的等效反射面积，还有情报泄密的可能。

除了上述特性外，座舱盖还要求耐磨损，重量轻，并有一定的经济寿命。

英国“台风”战斗机开启座舱盖

制造座舱盖的主要材料

显然，特殊要求是普通的玻璃材料所无法满足的。以美国战斗机为例，其座舱盖采用的材料主要是两种树脂材料，再加上金属氧化膜。

第一种是丙烯酸酯类材料。丙烯酸酯具有良好的光学性能，其透光率高达90%，接近用于高级光学仪器的水晶。同时，丙烯酸酯的重量较轻，仅是水晶和传统无机玻璃的50%左右，因此采用这种材料制作座舱盖，比老式飞机的无机玻璃座舱盖要薄很多。另外，丙烯酸酯耐候性好，抗老化，装备之后不会出现传统玻璃的银纹现象，其颜色也可以保持长期不变。丙烯酸酯的加工性也很好，能方便地加工成纤维、片材、薄膜、型材、管材等。因此，丙烯酸酯类材料经常被用来与钢化玻璃多层复合后，用于民航客机的风挡和侧窗。但是丙烯酸酯的缺点也十分明显：耐冲击性和耐温性差。因此，用于亚音速客机舷窗问题不大，但用于高速战斗机的座舱盖材料，还是存在不足。

美国 F-22“猛禽”战斗机的座舱盖氧化铟锡膜在阳光下呈金色

第二种是聚碳酸酯材料。它是分子链中含有碳酸酯基的一种高分子聚合物，是几乎无色的玻璃态的无定形聚合物，具有良好的光学性，聚碳酸酯薄膜的透光率超过 90%。与丙烯酸酯不同，聚碳酸酯的热变形温度大约为 130℃～ 140℃。同时，聚碳酸酯具有高强度及弹性系数、高冲击强度，具有类似有色金属的强度性能，并且有很高的韧性。由于聚碳酸酯具有高透光率、高折射率、高抗冲性、尺寸稳定性及易加工成型等特点，因此在光学领域、航空航天领域有广泛应用。不过，在高冲击强度和高变形温度的优点弥补了丙烯酸酯缺点的同时，聚碳酸酯也有自身的不足。聚碳酸酯长期暴露于紫外线中会发黄，而且耐磨性差，易溶于有机溶剂，价格也比丙烯酸酯贵 50% ～ 100%。

F-22“猛禽”战斗机座舱盖特写

由于丙烯酸酯和聚碳酸酯各有千秋，所以美国人将环境适应性更好的丙烯酸酯作为内外两层，而将抗候性差的聚碳酸酯作为中间夹层，经过这样多层复合形成了三明治一般的有机玻璃座舱盖。为了切断对人体有害的电子辐射、紫外线及远红外线，座舱盖表面又用磁控溅射法镀了一层金属薄膜——氧化铟锡膜，再加上其他强化增透膜和保护层，隐身座舱盖就大功告成了。

与美国战斗机不同，俄罗斯战斗机的座舱盖采用了丙烯酸酯的一种分支材料——多层复合的聚氟代丙烯酸酯，其最大特点是耐高温超过 180℃，比 F-22 战斗机的聚碳酸酯还要高 40℃，非常适合高速飞行。不过，这种材料的硬度较低，耐磨性差，长期日照会改变材料的性质。而且材料中的氟有毒，环境友好性差。因此，俄罗斯另辟蹊径，用美国淘汰的无机玻璃与聚氟代丙烯酸酯复合，大大提升了耐磨性，而且降低了成本。不过，这种做法使座舱盖的脆性变高、韧性变低，因此不得不做得更加厚重。

小知识：

早期低速螺旋桨时代的座舱盖采用无机玻璃制成，缺点较多。无机玻璃脆而易碎、工艺性能较差，很难制成复杂曲面，只能用三片式平面风挡，不能加工成更符合空气动力学特性、阻力更小的圆弧形风挡，而且密度大，重量大，不利于飞机减重。

F-22“猛禽”战斗机开启座舱盖

没有雨刮器的战斗机如何清除座舱盖的雨雾

雨刮器是汽车、火车等地面载具的标准配置。在雨雾天气时，雨刮器能够刮走落在玻璃上的水珠，防止它们遮挡驾驶员的视线。为了解决雨雾遮挡飞行员视线的问题，民航客机、直升机及运输机等低速飞机出于成本的考虑，一般也会安装一组雨刮器，这是因为在低速时雨刮器并不会对飞行性能产生明显影响，而且雨刮器十分便宜。民航客机前向的两块风挡玻璃面积较大且较为平直，安装雨刮器也比较容易。另外，在雨势较大时，民航客机会选择停飞。

装有雨刮器的美国 UH-60“黑鹰”直升机

按理来说，战斗机同样需要安装雨刮器，以免雨雾影响作战行动。然而，真实情况却是绝大多数战斗机都没有安装雨刮器。究其原因，一是因为战斗机为了保证飞行员的全向视野而采用了气泡式座舱盖，或者考虑到气动阻力采用了外形流畅的座舱盖，无论是整体型还是隔框型，座舱盖大都呈圆弧状，很难安装雨刷器；二是因为战斗机的飞行速度很快，飞行时的空气阻力较大，这对安装雨刮器十分不利。雨刮器在高速时会对战斗机性能造成很恶劣的影响。

当然了，并不是所有的战斗机都没有雨刮器，英国的“鹞”式垂直起降战斗机就是个例外，该机座舱盖正前方专门隔出一小块区域安装雨刮器，这样一来就缩小了飞行员的前向视野，可以说是得不偿失。

装有雨刮器的英国“鹞”式战斗机

事实上，战斗机即便不安装雨刮器也能有效解决雨雾阻碍飞行员视野的问题。现代战斗机主要依靠喷涂除雨液、采用风挡玻璃厌水涂层、风挡玻璃电加热以及超声波除雨这四种方式清除雨雾。

未安装雨刮器的 F-35“闪电Ⅱ”战斗机

防雨液的主要成分是酒精，它不仅可以起到增大水的表面张力、加速雨滴滑落的作用，在除霜、除雾以及防冻方面也有很广泛的用途，这种除雨措施主要应用于苏联第二代战斗机。

厌水涂层是一种对雨水具有很强排斥作用、不吸附雨水的化学涂层，这种涂层可以使滴落在风挡玻璃表面的雨水以珠状从风挡玻璃表面快速滚落，而无法附着在风挡玻璃上影响飞行员的视线。

电加热除雨技术在很多汽车后风挡玻璃上就有，部分高档汽车前风挡玻璃也配备有这种除雨装置。战斗机前风挡玻璃除雨技术和汽车除雨技术类似，都是通过对风挡玻璃进行加热以消除雨水。

目前，最先进的风挡玻璃除雨技术当属超声波除雨技术，这种技术通过在风挡玻璃下方安置一个高频超声波发生器快速清除附着在风挡玻璃表面的雨水、尘埃等附着物。

未安装雨刮器的米格 -35“支点 F”战斗机

战斗机头部的针状物有何作用

当我们在欣赏战斗机图片和视频时，眼尖的人就会发现很多战斗机的机头前方都有一根细长的针状物。那么这根针状物的作用是什么？它的名字叫什么呢？

机头装有空速管的苏 -27 战斗机

其实这根针状物在军事上叫作“空速管”，也叫“皮托管”“总压管”。它是用来测量战斗机周围的总压和静压然后把数据传给战斗机的一种测量工具。简单来说，就是用来测量战斗机的飞行速度。除了测量飞行速度外，空速管还具有很多其他功能。不管是军用飞机还是民用飞机，不管是超音速飞机还是亚音速飞机，一般都安装有空速管。

空速管主要用于测量战斗机空速，也就是战斗机在空中飞行时相对于空气运动的速度，战斗机飞行员只有掌握了飞机的空速数据才能进行正常的飞行、训练或者战斗。不管是日常训练还是战时的空战，飞行员都需要依靠空速管传来的空速数据调整飞机的飞行姿态、速度或者位置，从而高效完成训练或者更大把握赢得空战。此外，战斗机的一些重要信息也需要从空速管那里获取，例如外界气压、飞机瞄准设备的静压等，如果失去了空速管，那么不仅飞行员不知道战斗机的速度，一些重要的设备也不能正常工作。

装有机头空速管的 F-16“战隼”战斗机

有人会问，战斗机飞行员难道不能从地面指挥台获取战斗机的飞行速度吗？回答是能，但是这种速度与空速不一样。在战斗机飞行过程中会产生两种速度，一种是空速，另一种是地速。空速就是战斗机与空气的相对速度，地速就是相对于地面的速度，这两种速度具有很大的差异，地速一般来说只对地面人员有参考价值，对飞行员没什么作用，而对飞行员具有作用的是空速，因为空速决定了战斗机应该如何飞行。地速可以由地面人员使用专门的雷达或者其他仪器进行测量，而空速只能依靠战斗机自身的设备进行测量，也就是空速管。

那么为什么有些战斗机的机头可以看见明显的空速管，有些战斗机却看不到机头有空速管呢？事实上，一般战斗机的空速管都安装在机头部位，但现代战斗机几乎都是超音速战斗机，如果把空速管安装在机头部位，那么在战斗机进行超音速飞行的时候，由于机头前缘会产生激波，所以会影响空速管接收气压信息的准确性，同时还会影响机载雷达的使用。此外，随着航空技术的发展，战斗机的隐身性能越来越被重视，而机头空速管会使战斗机的反射截面积增大，导致隐身性能减弱。正因为如此，机头空速管已经渐渐成为落后的象征。所以一些战斗机取消了机头空速管，并将空速管安装在机头侧面，例如美国 F-15“鹰”式战斗机、F-22“猛禽”战斗机等。如果我们仔细观察这些战斗机的机头侧面，就会发现一根较小的 L 形金属管，那就是空速管。

F-15“鹰”式战斗机的空速管安装在机头侧面

空速管安装在机头侧面的 F-22“猛禽”战斗机

喷气式飞机的进气道有哪些类型

喷气式飞机进气道是一个系统的总称，它包括进气口、辅助进气口、放气口和进气通道，因此它是保证喷气式发动机正常工作的重要部件之一，直接影响飞机发动机的工作效率，对发动机是否正常工作、推力大小等有着至关重要的作用，因此它对飞机性能尤其是战斗机有很大的影响。

喷气式战斗机进气有两大作用：第一，供给发动机足量的空气以保证发动机正常工作；第二，保证进气流场能满足压气室和燃烧室正常工作的需求。发动机对进入空气的速度和匀度都有要求。如果进入进气道的空气速度和匀度超过了发动机正常承受的范围，就有可能引起发动机喘振甚至停车的危险。

按照进气道在机身上的位置不同，可以把进气道分为下述两类。

（1）正面进气。即进气口位于机身或发动机短舱头部，进气口前流场不受干扰，其优点是构造简单，它的缺点也很明显，在机头进气，飞机无法安装大型雷达天线，同时进气通道也太长，不利于飞机内部设备安装。早期的战斗机进气口多数在机身头部，如米格 -19（苏联）、米格 -21（苏联）、苏 -17（苏联）和 F-100（美国）等。进气道在发动机短舱头部的飞机有伊尔 -28（苏联）、雅克 -25（苏联）、B-52（美国）、B-58（美国）、S-3（美国）等。

正面进气的美国 B-52 轰炸机

（2）非正面进气。它包括两侧进气、翼根进气、腹部进气、翼下进气、肋下及背部进气等。这些进气口位置没有正面进气的缺点，尤其是腹部和翼下进气的优点更加明显，它充分利用了机身工机翼的有利遮蔽作用，能减小进气口处的流速和迎角，从而改善进气道的工作条件；在战术机动性能上，飞机在大迎角机动时可以保持发动机工作状态平稳。两侧进气的飞机有 F-102（美国）、F-104（美国）、F-4（美国）、F-15（美国）、米格 -23（苏联）、米格 -25（苏联）、苏 -24（苏联）等；翼根进气的飞机有 F-105（美国）、“勇士”（英国）、“火神”（英国）、“胜利者”（英国）、SAAB 32（瑞典）等；腹部进气的飞机有 F-16（美国）、“台风”（欧洲）、“狮”式（以色列）等；翼下进气的飞机有 B-1B（美国）、图 -160（苏联）、米格 -29（苏联）、苏 -27（苏联）等；背部进气道的飞机有 B-2（美国）、A-10（美国）等。

两侧进气的美国 F-15 战斗机

按照进气道的结构分类，可以把进气道分为下述两类。

（1）不可调式进气道。这种进气道的形状参数不可调节，只能在设计状态下与发动机协调工作，这时进气道处于最佳临界状态。在非设计状态下，比如改变飞行速度，进气道与发动机的工作就不会协调。当发动机需要空气量超过进气道通过能力时，进气道将处于低效率的超临界状态。当发动机需要空气量低于进气道通过能力时，进气道将处于亚临界溢流状态。从严格意义上讲，超音速进气道和亚音速进气道都会使阻力增加，不排除某些亚音速进气道或许出现前缘吸力大于阻力的可能，但过分的亚临界状态可使阻力增加，并引起进气道喘振。

采用三元轴对称进气道的法国“阵风”战斗机

（2）可调式进气道。与不可调式进气道相反，可调式进气道在进气口安装有中心锥、可调压缩斜板等装置，这些装置可通过调整角度来调节进入进气道的空气参数，以便使进气道在非设计状态下也能与发动机协调工作，提高效能。

采用二元矩形进气道的俄罗斯苏 -27 战斗机

按照进气道的作战功效分，又可以把进气道分为超音速进气道和亚音速进气道。而超音速进气道又可以分为下述几类。

（1）三元轴对称进气道。它的进气口切面一般为圆形、半圆形、1/4 圆。在进气口安装有可调节式中心锥，通过前后移动中心锥可以调节预压缩面，并控制进入进气道内的空气参数。米格 -21（苏联）、“幻影 2000”（法国）、“阵风”（法国）等战斗机都采用了这种进气道布局。

（2）二元矩形进气道。它的进气口切面通常为矩形或近似矩形。在进气口贴近机身一面安装有压缩斜板和附面层隔板，并以此调节进入进气道内的空气参数和防止附面层流入进气道。F-4（美国）、米格 -23（苏联）等战斗机都采用了这种进气道布局。在此基础上经过改进，又产生了楔形进气道，它的切面近似于楔形，如 F-14（美国）、F-15（美国）、米格 -29（苏联）、苏 -27（苏联）等。

（3）后掠双斜面超音速进气道。它的进气口切面呈菱形，贴近翼根部位，是较新型的一种进气道布局。目前只有美国 F-18E/F“超级大黄蜂”战斗 / 攻击机采用了这种进气道布局。

（4）无附面层隔板进气道。它采用一个固定的鼓包模拟常规进气道中的一、二级可调斜板，并能够达到对气流的压缩以及简化结构、隐形的目的。这种进气道具有结构简单、重量轻、阻力小、隐身等特点。美国 F-35“闪电Ⅱ”战斗机采用了这种进气道布局。

采用无附面层隔板进气道的美国 F-35 战斗机

螺旋桨驱动的“超级巨嘴鸟”为何老而不衰

2020年，菲律宾从巴西航空工业公司订购的6架“超级巨嘴鸟”教练/轻型攻击机正式服役。有人不禁会问，现代战争中各种喷气式战机才是当仁不让的空中主角，那些曾经在二战中叱咤风云的螺旋桨活塞式飞机早就应该退出历史舞台，为什么菲律宾还要购买这些“年事已高”的飞机？

事实上，螺旋桨活塞式飞机依然能在现代战争中发挥不小的作用，而“超级巨嘴鸟”教练/轻型攻击机就是一个典型。

20世纪80年代初，巴西航空工业公司为本国空军研制了“巨嘴鸟”初级教练机，以取代老式的T-34C教练机。由于该机性能优良、安全性高，先后被美、英等国引进。随着南美洲贩毒、走私活动日益猖獗以及恐怖威胁日益严重，南美洲各国空军都需要一种适用的轻型攻击机。又由于哥伦比亚在使用“巨嘴鸟”初级教练机拦截毒品走私飞机和打击游击队方面获得了相当成功的经验，巴西航空工业公司看出这款飞机的潜能和巨大市场，因此在“巨嘴鸟”初级教练机基础上推出了“超级巨嘴鸟”教练/轻型攻击机。首架“超级巨嘴鸟”原型机于1992年试飞，是一种具有高级飞行培训、空中侦察、巡逻和近距离空中支援等多种功能的机型。

美国空军装备的“超级巨嘴鸟”教练/轻型攻击机

“超级巨嘴鸟”教练 / 轻型攻击机的外观看似朴素，却能够发射各种先进弹药，其机翼内有两挺 12.7 毫米固定机枪，最大外挂重量 1550 千克，挂点有 5 个，在对地攻击时可挂载 M117 炸弹、Mk 81/82/83 炸弹、七管 70 毫米火箭巢，在执行训练任务时可挂载 SUU-20 训练挂架，该挂架可挂 4 枚 70 毫米火箭和 6 枚 BDU-33 训练炸弹。其他国家的“超级巨嘴鸟”教练 / 轻型攻击机挂载过 AIM-9“响尾蛇”空空导弹、AGM-65“小牛”和“黛利拉 AL”反舰导弹、“铺路”系列激光制导炸弹、GBU-38 和 GBU-54 联合直接攻击弹药以及 GBU-39 小直径炸弹。

虽然在高烈度现代战争中，“超级巨嘴鸟”教练 / 轻型攻击机无法和各种先进战机比肩，但是它有着自己的独特优势，那就是性价比高。该机从购买、飞行到维护，成本相对较低。单架成本约 1800 万美元，每小时飞行成本仅 1000 美元，与动辄数万美元 / 时的喷气式战机相比更适合用于低烈度战争，能在低威胁低空空域提供火力支援并能长时间巡航。为此，很多国家购买“超级巨嘴鸟”教练 / 轻型攻击机用于反游击队作战和反毒品行动，即使一向财大气粗的美军对于“超级巨嘴鸟”教练 / 轻型攻击机也是青睐有加。2009 年 7 月，美军为了能以更经济的手段进行“治安战”，发布了“轻型攻击 / 武装侦察机”项目。当时，包括“超级巨嘴鸟”教练 / 轻型攻击机、“超级野马”攻击机等都参加了竞标，由于机型过于混杂，2010 年五角大楼终止相关项目。2011 年五角大楼又启动“轻型空中支援”项目，“超级巨嘴鸟” 教练 / 轻型攻击机最终入选，代号 A-29，升级后的型号为 A-29B。

尼日利亚空军装备的“超级巨嘴鸟”教练 / 轻型攻击机

可变后掠翼战斗机越来越少的原因是什么

可变后掠翼是指机翼后掠角在飞行中可以改变的机翼。它的产生主要是为了解决后掠翼存在的问题。后掠翼使作战飞机的最大速度提高很快，但低速时气动效率较低，升力较小。事实上，人们既希望飞机有很高的速度，又希望起降速度降低，减少起降距离。解决这一问题的办法之一是使机翼的面积和形状可变，这就是可变后掠翼。

采用可变后掠翼的美国 F-111 战斗轰炸机

采用可变后掠翼的美国 B-1B 轰炸机

可变后掠翼的一部分或全部可前后偏转，在向前偏转时，后掠角减小，展弦比增大，因而升力增加；向后偏转并收起时，后掠角增大，升力和阻力都减小。这样飞机通过改变机翼后掠角，使机翼面积和展弦比发生变化，适应了起飞和着陆阶段以及高速飞行阶段对升阻比的不同要求。可变后掠翼飞机在起飞和着陆时，机翼是展开的，而在高空巡航飞行时，机翼是收拢的。也就是说，可变后掠翼可使飞机的升力特性和升阻比得到极大的改善。可变后掠翼飞机在不同飞行速度均有较好的气动效率，可以在执行任务的每个飞行阶段都获得满意的性能，这是固定翼飞机难以达到的。

采用可变后掠翼的苏联图 -160 轰炸机

可变后掠翼技术的起源可以追溯到二战时德国的 P-1101 战斗机。20 世纪 50 ～ 70 年代，兼顾亚音速和超音速飞行成为飞机设计的主题，可变后掠翼技术得到实用化，这是传统飞机变形设计的一次革命性飞跃。20 世纪 60 ～ 70 代是可变后掠翼技术发展的黄金时期，先后出现了包括 F-111（美国）、B-1B（美国）、F-14（美国）、苏 -24（苏联）、苏 -17（苏联）、米格 -23（苏联）、米格 -27（苏联）、图 -22M（苏联）、图 -160（苏联）、“狂风”（欧洲）等可变后掠翼飞机。因为在军用飞机方面，可变后掠翼不仅可以解决不同设计点气动布局的矛盾、改善飞行器的多功能性，而且还可以缩短跑道起飞距离、增大航程并且提高其经济效益和作战功能。

20 世纪 80 年代，随着航空技术的进步，可变后掠翼技术逐渐被淘汰。究其原因，一是因为可变后掠翼的可靠性、安全性和可维护性差；二是最新的航空技术开始着眼于“翼身融合”的升力体和边条翼技术，不再存在实际意义上的机翼，也就无所谓可变后掠翼的概念了。“翼身融合”的升力体和边条翼技术、鸭翼技术以及先进的大推力涡扇发动机，这些新技术极大地提高了战斗机的综合飞行技术性能，原有的可变后掠翼所带来的性能优势已经完全被新技术所取代。

采用可变后掠翼的欧洲“狂风”战斗机

战斗机采用鸭式布局有何利弊

自飞机诞生以来，设计师通常会将飞机的水平尾翼和垂直尾翼都放在机翼后面的飞机尾部。这种布局是现代飞机普遍采用的气动布局，因此被称为“常规布局”。但在二战中，苏联发现如果将水平尾翼移到主翼之前的机头两侧，就可以用较小的翼面来获得同样的操纵效能，而且前翼和机翼可以同时产生升力，而不像水平尾翼那样，多数情况下会产生负升力。早期的鸭式布局飞起来像一只鸭子，“鸭式布局”由此得名。目前，欧洲国家的第四代战斗机几乎仍来用鸭式布局，如“台风”、“阵风”、JAS 39“鹰狮”等。

采用鸭式布局的“台风”战斗机

鸭式布局的优点

鸭式布局的主要优点是配平阻力比较小，具有较大的升阻比。通常飞机增大迎角、增大升力时会产生低头力矩。鸭翼处于飞机重心之前，增大机翼迎角和升力时，鸭翼就会出现正偏转，产生正升力（常规布局飞机平尾出现负偏转，产生负升力），用抬头力矩加以平衡，可使全机升力增大。为了获得预定的升力，飞机迎角就要小于常规布局飞机的迎角。鸭式飞机的配平阻力明显小于常规布局飞机，因而具有较大的升阻比。

采用鸭式布局的飞机在正常飞行状态下并没有多少优越性，但是当飞机需进行大强度的机动如上仰、小半径盘旋等动作时，飞机的前翼和主翼上都会产生强大的涡流，两股涡流之间的相互耦合和增强，会产生比常规布局更强的升力。因此，在同等条件下鸭式布局的飞机比常规布局的飞机具有更好的机动性。

另外，鸭式飞机可以用较小的机翼升力获得较大的全机升力，有利于减轻飞机的结构重量。此外，由于鸭翼距飞机重心的距离较短，大迎角飞行时，鸭翼的迎角

采用鸭式布局的“阵风”战斗机

一般大于机翼的迎角，鸭翼首先出现气流分离，导致飞机低头，使鸭式飞机不易失速，有利于飞行安全。

鸭式布局的缺点

鸭式布局的缺点是鸭翼处在机翼的上洗气流中，其大迎角或鸭翼大偏度时有失速问题，影响操纵和配平的能力。为此，鸭面一般采用大后掠和小展弦比的平面形状，虽然这样可以缓和失速，但同时也带来鸭面升力效率降低的问题；与平尾飞机相比，鸭式飞机的横侧气动特性存在较多问题，鸭翼涡会对垂尾产生干扰，保证良好的大迎角横侧稳定性是鸭式飞机设计的一大难点。鸭面的不同偏度对横侧气动特性可能会产生不同的影响，使达到可接受的横侧气动特性的问题更加复杂化；鸭式飞机的起飞着陆性能受鸭翼配平能力的限制，不能使用后缘襟翼，或者只能使用很小的偏度，为了解决这一问题，有时要在鸭翼上采用前或后缘襟翼，甚至采用吹气襟翼，使问题复杂化的同时也增加了重量。

采用鸭式布局的 JAS 39“鹰狮”战斗机

此外，平尾布局的飞机用差动平尾加副翼操纵可以得到很高的滚转率。而鸭式飞机一般采用大后掠角小展弦比的鸭面，差动时的横向操纵效率不高，而鸭式飞机的机翼后缘襟翼往往还要当作俯仰操纵面使用，着陆时还可能要做增升襟翼，这些都限制了后缘襟副翼的横向操纵能力，因此鸭式布局飞机的横向操纵能力比平尾飞机要差。

采用鸭式布局的瑞典 SAAB 37 战斗机

无尾三角翼飞机在作战性能上有何优势

三角翼（Delta wing）是机翼平面形状的一种，由于其形似三角形而得名。三角翼构型普遍具有超音速飞行阻力小、结构强度高、跨音速时机翼重心向后移动量小等特点，这对于舵面平衡能力较差的飞机尤为重要，所以无尾飞机和鸭式飞机基本上都会采用三角翼。最常见的三角翼飞机是法国达索公司生产的“幻影”系列战斗机。

采用无尾三角翼布局的法国“幻影Ⅲ”战斗机

在结构上，三角翼极长的翼弦可以使用简单的结构把力量均匀分布在机身，也可使机翼厚度由尖锐的前缘经较长距离过渡至较厚的翼根，兼顾低阻力与高结构强度，并获得充足的机翼油箱空间，提高战损容忍度。在追求战斗机高速性能的时代，无尾三角翼设计曾经被各国空军竞相采用，各国最新研发的先进无人机也大多采用了此类布局设计方式。究其原因，主要是因为无尾三角翼布局具有下述几种突出优势。

第一，超音速阻力小。小展弦比、大后掠角的大三角翼，加上这类机翼固有的相对厚度小的优点，降低了其超音速零升阻力。在超音速条件下，无尾飞机配平阻力也相对较小。与常规布局飞机相比，平尾和无尾飞机升降副翼在相同偏转角度条件下引起的配平阻力相当，而实际配平时无尾飞机偏转角度较小。

第二，在满足设计要求的前提下，飞机结构重量较轻。由于省去了平尾的重量，加上机身长度缩短以及大三角翼的结构重量较小，这种先天重量优势使无尾飞机在改善飞机机动性时具有更高的起点。但如果强调飞机续航能力，那么无尾大三角翼飞机相对于现代高性能常规布局飞机而言，巡航阻力稍大，因此需要携带更多的燃油，这部分重量基本上抵消了结构上的重量优势。此外，由于结构重量减轻，相应的成本和价格也有所降低。

采用无尾三角翼布局的法国“幻影 2000”战斗机

第三，常规机动性较好。为了弥补起降性能差的固有弱点，无尾三角翼飞机通常会选择较低的翼载。低翼载不仅有助于提高飞机的盘旋能力，而且设计良好的话可以缓解大后掠三角翼带来的诱阻大的问题——因为相同过载下需用的升力系数较低，不需要拉那么大的迎角获得较高的升力系数。这实际上是无尾三角翼布局机动性良好的主要原因。

采用无尾三角翼布局的美国 F-102“三角剑”截击机

第四，隐身性能好。一般来说，飞机最大雷达反射源来自雷达、机身外挂点、座舱盖和进气道，而无尾三角翼布局的飞机有效地减少了雷达反射源。从外形上来说，无尾三角翼飞机取消了所有机腹外挂点，武器舱内置，而且采取背负式进气道，大大减小了雷达发射面和红外探测的可能性，再加上机身隐身涂料的应用，可以大大提高其隐身性能。

采用无尾三角翼布局的英国“火神”轰炸机

小知识：

无尾三角翼飞机不适合用在航空母舰上，因为航空母舰的跑道长度非常有限。因此法 v 国海军航空母舰一度只能使用美制 F-8“十字军战士”战斗机，且长期得不到一种新的先进战斗机用以换代。

上单翼飞机和下单翼飞机有何区别

飞机的机翼安装有上下之分，上单翼飞机是指机翼安装在机身上部的飞机，下单翼飞机则是指机翼安装在机身下部的飞机。

上单翼飞机的最大优点是机场适应性好。这种飞机的机翼离地高度高，机翼下面有足够的空间吊挂发动机，不会轻易地将地面的沙石吸入进气道损坏发动机。这对军用运输机、轰炸机而言尤为重要。军用机场的条件千差万别，跑道上难免会有尘土、泥沙和碎石，所以上单翼布局对防止发动机吸入异物有较好的作用。由于没有发动机离地间隙的限制，可以将机身设计得离地很近，而且上单翼飞机的机翼安装不会中断机身整个内部空间的连续性，因此可以采用较低的货舱地板和尾部大舱门，适合装运大件货物。

采用上单翼的美国 C-17 运输机

因此，军用运输机为了在狭窄甚至是堆满货物的场地起降，上单翼加翼吊发动机形式的布局更容易被采用，而且还可方便伞兵从机身侧门跳伞，由运输机改装而来的 AC-130 重型攻击机甚至还能使用对地武器，这些优势都是下单翼飞机所无法比拟的。

采用上单翼的苏联安 -225 运输机

此外，上单翼飞机的机翼一般都带下反角，以保证有较好的低空稳定性，而且对侧风不敏感，适合执行低空空投等任务。上单翼飞机的机翼不容易在战争环境中受损，而下单翼飞机的机翼较容易被导弹、防空炮火和子弹击中。

下单翼飞机的优点是翼梁穿过机舱，机翼强度高、阻力小、升力大。主起落架布置在机翼根部，强度较高。起落架舱可以设置在机翼根部的整流罩中，翼吊发动机距离地面较近，从而方便维护，飞机机翼还可以用来作为紧急撤离时的通道。

下单翼飞机的缺点也正是由于横穿机体下部的翼梁和中央翼盒将机体下部货仓隔断，不利于布置大型货仓。此外，下单翼结构稳定性差，低空抗横风能力弱，不适合低空飞行。较低的机翼和发动机，还可能对自前门跳伞的伞兵形成巨大威胁。由于下单翼飞机翼吊发动机离地高度较低，容易受到异物吸入的威胁。

采用上单翼的欧洲 A400M 运输机

任何事物都有两面性。从气动设计来说，上单翼飞机升力大，稳定性好，但机动性较差；下单翼飞机稳定性较差，但机动性较好。由于流经机翼的气流会严重影响平尾工作，所以上单翼飞机一般都将平尾放至垂尾顶部，形成 T 形布局，而下单翼飞机一般都是低平尾布局。

由于机翼离地高度高，上单翼飞机的起落架一般不安装在机翼上，而安装在机身上。恰恰就是因为这一点，缩短了起落架支柱的长度，降低了飞机的重心，有利于在野战机场降落。下单翼飞机的起落架一般都安装在机翼上，起落架收起时机轮通常收藏在机翼根部。从维修的角度来说，上单翼飞机由于机翼位置较高，对飞机的维护修理不甚方便。而下单翼飞机则比较方便。

上单翼飞机翼吊发动机工作时的噪声可以直接传入机舱，对乘员的影响很大，有时甚至难以忍受。而对于下单翼飞机来说，由于受到机翼的阻隔，传至机舱内的噪声被大大降低，从而提高了飞机的舒适性。

采用下单翼的波音 737 民航客机

现役战斗机为何青睐双垂尾设计

垂尾是指垂直尾翼，是飞机尾翼的一种，另一种是水平尾翼。飞机尾翼的主要功能是操纵飞机升降和偏转，并保证飞机平稳飞行。水平尾翼由固定的水平安定面和可动的升降舵组成。而垂直尾翼包括固定的垂直安定面和可动的方向舵。

采用单垂尾设计的美国 F-86“佩刀”战斗机

采用双垂尾设计的苏联米格 -25“狐蝠”战斗机

有心人不难发现，战斗机发展到第四代后，尾翼均采用双垂尾设计。当然，双垂尾设计并非第四代战斗机的“专利”，早在 20 世纪 50 年代，苏联米格 -25“狐蝠”战斗机就采用了双垂尾设计，飞行速度可达 3 马赫。

垂尾主要是利用气动力来稳定前进方向，类似于箭矢尾端的羽翼。单垂尾战斗机的垂尾高度越高，在迎角飞行时气动控制越不易受到机身遮挡的影响。但垂尾也不是越高越好，垂尾越高对材料的刚度要求越高，材料刚度不够，会发生操纵效率下降、颤振等问题，还会增加机身重量，不利于战斗机的机动飞行。

那么，与单垂尾设计相比，双垂尾设计的优势在哪里呢？

采用双垂尾设计的美国 F-35“闪电Ⅱ”战斗机

双垂尾可以避开机身遮挡，使其有效面积更大，极大地增强了战斗机高速飞行时的航向稳定性。此外，舰载机受航空母舰机库的高度限制，双垂尾设计优势更加明显。

目前，大多数先进战斗机都采用双垂尾设计，并衍生出多种形态——外倾双垂尾、浅V形尾、深V形尾等，这些种类的垂尾在战斗机隐身、飞行性能等方面都发挥了重要作用。

采用双垂尾设计的俄罗斯苏-57战斗机

双座战机串列布局与并列布局有何区别

现代战机为了适应不同任务要求而设计成单座或双座机型。轻型战斗机由于主要用于执行单一的空战任务，所以大多采用单座。而重型战斗机或攻击机一般多采用双座，这是因为重型战斗机同时肩负对空、对地的双重战斗任务，飞行员不仅要完成飞行控制，还要对空中目标和地面目标实施攻击。

双座战机因为多出一名飞行员，就能担负更多任务，因此双座战机可以执行一些单座战机无法执行及难以独自执行的任务，比如空中指挥、电磁压制、制导武器投射等。也就是说既可以由单人驾驶，也可以由双人联合操纵。

按照飞行员座椅的位置，双座战机可以分为并列双座和串列双座两类。前者是指两名飞行员并排而坐，后者则是两名飞行员一前一后的布局。关于并列双座和串列双座的设计，最初是由战机的设计需求所决定的。

美国海军在1963年服役的A-6“入侵者”舰载攻击机和美国空军在1967年服役的F-111“土豚”战斗轰炸机以及苏联在1974年服役的苏-24“击剑手”战斗轰炸机，都具备超低空高速突防的能力。在当时的技术条件下，超低空突防打击的危险性很高，需要驾驶员与武器控制员的紧密配合，并列双座便于飞行员之间的沟通。

采用并列双座布局的A-6“入侵者”攻击机

采用并列双座布局的F-111“土豚”战斗轰炸机

采用并列双座布局的苏-24“击剑手”战斗轰炸机

更重要的是，用于搜索、制导、瞄准的设备其体积、重量过大，而且自动化程度极低，采用并列双座设计，可以在飞机上只装备一套设备，由驾驶员和武器操作员共同使用。不过随着技术的进步，这些问题早就得以一一解决，新型战机在超低空突防时，飞机的自动飞行装置甚至比驾驶员操作更可靠。

应该说，从20世纪70年代开始，并列双座设计所具有的优势，已经随着技术的发展而荡然无存，但其带来的飞行阻力过大的问题，则是对航程要求很高的战斗轰炸机、攻击机所必须解决的。因此，大多数双座战机都采用串列布局，虽然后座视野不足且交流困难，但可以保证飞行质量。

值得一提的是，随着现代战机功能的日益增多，各种操控日趋复杂，双座战机前后座舱的分工更加精细明确，很多战机的后舱已经取消了操纵杆、油门等，也就是说后舱无法再驾驶飞机。而且，随着现代战争作战环境更加复杂、作战方式更加多样，这种前后座舱的分工区别会越来越大，这也是未来战机的发展趋势。

采用串列双座布局的 F-14“雄猫”战斗机

战斗机有没有必要配备登机梯

登机梯就是飞行员上下飞机用的梯子，一般来说大型飞机如运输机、轰炸机等，因为机体较大，对重量不是很敏感，通常都装有随机登机梯。对于战斗机来说，一是机上空间较小，机头部分几乎每寸地方都有用处，很难找到空间安装登机梯；二是战斗机对重量比较敏感，战斗机在设计时，对每一千克重量都要计较。

因此，在战斗机装不装登机梯这个问题上也分成了两个流派。以俄罗斯为首的飞机设计流派，认为战斗机在机场都有地勤人员保障，为简化飞机结构、减少重量，所以基本上都不设置登机梯。而以美国为首的西方国家，则讲求作战飞机的自主性和适应性，战斗机上普遍都带有登机梯，使飞行员不依靠专门的登机梯和地勤人员即可自行迅速离开飞机。

装有天线式登机梯的美国 A-7“海盗 Ⅱ”攻击机

为节省空间，简化结构并控制重量，美国飞机的登机梯通常都采用简易设计，例如 A-6“入侵者”攻击机的登机梯就和进气道蒙皮合二为一，将这部分蒙皮翻出来就成了梯子；到 A-7“海盗 Ⅱ”攻击机诞生时发明了天线式登机梯，这种登机梯就是一根可伸缩的管子，管子两侧装了几个脚蹬，结构非常简单，重量也比较轻，因而被后来的很多飞机采用，如 A-10“雷电 Ⅱ”攻击机、F-35“闪电 Ⅱ”战斗机等。

装有天线式登机梯的美国 A-10“雷电 Ⅱ”攻击机

美国 F/A-18“大黄蜂”战斗 / 攻击机自带的登机梯

总体来说，战斗机自带登机梯利大于弊。众所周知，战斗机起飞前需要地勤人员仔细检查，降落后也需要地勤人员检查维护，一个战斗机中队需要几十名甚至上百名地勤人员。如果战斗机没有自带登机梯，就会在无形中增加地勤人员的工作难度，现代各国空军都在极力简化后勤工作流程，减少人员和工作量，降低飞机的维护成本，如果飞机自带登机梯，无疑会减少地勤人员的数量和工作量。如果说陆基战斗机因为机场保障能力强的原因可以不装，但舰载战斗机因为航空母舰甲板面积有限，移动登机梯用起来并不是那么方便，如果自带登机梯，可以大大降低航空母舰甲板工作人员的劳动强度。

美国 F-35“闪电Ⅱ”战斗机的飞行员正在下飞机

此外，随着发动机技术的进步，发动机的推力提高很大，而且战斗机的复合材料使用比例也越来越大，登机梯增加的重量对飞机性能的影响几乎可以忽略不计。所以，自带登机梯的弊端已经越来越少。

战机如何通过外形设计减少雷达反射截面积

由于电磁波的反射强度与物体的几何形状密切相关，因此合理的外形布局可以有效地减少雷达反射截面积，而外形雷达隐身技术的关键在于削弱雷达的回波或使雷达的回波闪烁不定。

雷达回波分直接反射和雷达后向散射。直接反射即通常所说的入射角等于反射角的反射。当雷达波的入射角不是很大或目标距离雷达较远时，由于绝大部分雷达入射波都被反射到其他方向上，雷达将接收不到目标反射来的回波，所以目标一般不易被雷达发现。然而当反射面正对着雷达，或入射波通过多次折射返回入射方向时，这种直接反射到雷达接收天线的回波将成为最大的雷达可视信号。

与直接反射不同，雷达后向散射是各向性的、发散的。它涉及入射场与整个反射结构的相互作用，对大多数雷达来说其波长大大小于目标的典型面积，电磁散射实际上是局部现象；但是当电磁波波长加长或反射面面积减小时，直接反射渐趋消失，散射增强，入射能量大部分可通过漫反射散射出去。

美国 F-117“夜鹰”隐身攻击机

整体理念

战斗机要实现外形隐身，不光要减少与雷达入射方向成直角的平面，还要减少与雷达入射方向成直角的缝隙和边缘。一般来说，隐形战斗机在总体布局上应遵循以下设计原则。

第一，消除镜面成直角的反射。合理控制战机的整个外形，避免表面采用较大的平面和凸状弯曲面，用小平板外形代替曲面外形，使用多方向的镜面反射和边缘衍射代替小角度的、能量集中的大镜面反射，以抑制镜面强反射。例如，美国F-117“夜鹰”攻击机将机头做成多锥形，机身做成多面体并配以低置的下单平底薄翼。这样可以使雷达波形成瞬时闪烁的微弱回波，但也会明显影响飞机的气动性能。

第二，采用简洁的外形。通过实验发现，尽量保持战机气动布局简洁，采用翼身融合且机身、机翼、尾翼各端面对称平行，使其各端面在几个特定方向具有同向的反射性，这样做被敌方发现的概率要比无规律气动布局低得多，且由于随着战机的飞行姿态和相对于探测雷达相位的不断改变，其行踪极难跟踪。

美国 B-2“幽灵”隐身轰炸机

第三，克服角反射器效应。战机在外形上一般多采用机翼、机身、尾翼和短舱连接处光滑过渡，机翼与机身高度融合的构型。战机通过采用组合的三维曲度和不断改变曲率半径的外形，避免长而恒定的曲线，还可以避免仰视和俯视雷达回波。对于机翼、机翼上的垂直安定面、水平尾翼、机翼下挂架、翼身连接处等会形成强烈的角反射器效应的部位，常采用内/外倾的双垂尾或无垂尾、翼端（或翼上）安定面、机身侧边等构型。

小知识：

角反射器效应是指目标上的两面体或角体结构产生的散射。当雷达的无线电波射入两个互相垂直面中的任一个面时，由于无线电波的“镜面反射”效应，就会形成二次反射，最后以与入射波束相同的方向反射到雷达。而由3个互成90°的表面形成的角体，当雷达的无线电波射入这3个表面中的任一表面时，可能形成三次“反射”，从而在较宽的“视”角范围内返回很强的电磁波能量于雷达。因此消除角反射器效应要避免出现任何边缘、棱角、尖端、缺口等垂直相交的界面。

实际设计

在实际设计时，一般应以上述三条为设计准则，并根据战机的任务性质和飞行特征逐步细化战机的每个部位，减少其他强散射部位，以降低雷达反射截面积。例如，战机头部大多采用大后掠多面体的锥形设计，其雷达天线、空速管等都采用保形设计，尽量缩小机体尺寸。如果该机的任务性质和飞行特性是中高空飞行，由于大部分敌方雷达探测系统是在其前下方，那么这种战机的头部设计应注重头锥和头锥以下部分。而对于一些采用超低空突防的战机，由于探测雷达大部分是在其前方或前上方，所以其头部设计与前者相反。

美国F-22“猛禽”隐身战斗机

在机体设计上，也是根据任务性质和飞行特征而定，如果该机的任务性质和飞行特性主要是中高空飞行，那么该机的下表面应该尽量平滑。要求机体各个蒙皮表面光滑无铆钉，舱口盖尽可能少（把大部分舱口盖设在机背上），战机上的各种矩形舱盖的前后缘也不应正对雷达入射方向，各种开口都是锯齿形的前后缘。接缝紧密且接缝处构型要与战机布局相适应。减少机体凸出物，尽可能去掉外挂物或设计成可收入机内的吊架。

在机翼平面设计上，为了降低雷达反射截面积，战机翼面设计最好采用前缘后掠方式，后缘采用锯齿形设计；合理调整其后掠角、展弦比、根梢比等参数，以减少散射源；用边缘衍射代替镜面反射；采用飞翼或碟形翼气动布局，将机翼翼尖修圆，使弹翼前缘经圆角逐渐过渡到弹翼后缘，使边缘绕射的主散射源变为爬行波次散射源。另外，机翼最好采用无尾气动布局，并将机身和机翼尾部设计成锯齿状。对于常规气动布局来说，不宜设计为前小翼，因为战机隐身的重点就是机身前方，如果鸭翼在前，鸭翼的配平偏转等不能被机翼挡住，加上产生的各种角反射、绕射等会使飞机的前视雷达反射截面积大很多。而平尾在机翼后面，利用前面的大面积机翼屏蔽后面的尾翼，对降低前向雷达反射截面积十分有效。

对于发动机进气道、尾喷管、排气口等，都可看作凹状结构，具有较强的雷达信号特征，因此，这类结构隐身一般采用遮蔽法，其要点是利用机体的某一部分遮蔽发动机的进气道或尾喷口，以减小雷达探测的视角范围。对于中空和高空突防战机，最好将发动机的进气道安装在机翼内侧的机背上，因为采用背部进气和背部安装的尾喷管可以有效地遮挡地面雷达对发动机的视线，但对空中预警机则效果有限。此外，背部进气道在大迎角机动时气流畸变严重，不利于发动机稳定工作，因此不适合在高机动性飞机上使用。而对于那些既要求有良好的隐身性又经常采用大迎角机动的战机，则适宜采用进气口斜切的双斜面外压式楔形进气道。

具备局部隐身能力的欧洲“台风”战斗机

战机使用的雷达隐身材料有哪些类型

应用雷达隐身材料是提高战机隐身性能的重要途径。合理的外形设计可将战机的雷达反射截面积减少75%以上，那么再使用隐身材料，就可进一步提高到90%以上。雷达隐身材料主要分为透波材料和吸波材料等。

透波材料

透波材料是一种对电磁波很少发生作用或不发生作用而对其保持透明状态的非金属类复合材料。雷达发射的电磁波碰到金属材料时，除一部分被反射外，容易在金属材料中感应生成像同频率的电磁流。电磁流的流动会建立起电磁场，向雷达二次辐射能量。而透波材料则不同，由于材料本身是由一些非金属材料和绝缘材料组成的，故其导电率要比金属材料低得多。因此，当雷达发射的电磁波碰到复合材料时，难以感应生成电磁流和建立起电磁场，所以向雷达二次辐射能量较少。但由于机体内有其他金属材料制造的发动机、导线和电子设备等，透波材料在减小雷达反射截面积方面作用并不大，只能作为易剥离吸波材料的保护外套或主动隐身技术的屏蔽容器。

垂尾采用吸收剂散布型吸波材料的F-117“夜鹰”攻击机

吸波材料

吸波材料是指能够通过自身吸收作用减少目标雷达反射截面积的材料，按吸收机理不同，可分为吸收型、谐振型和衰减型 3 大类。但其基本原理都是使入射的雷达波能量在分子水平上产生震荡，并通过该运动的耗散作用转化为热能或其他形式的能量，从而有效地弱化某些关键部位的雷达回波强度。按应用方式不同，吸波材料可分为涂敷性吸波材料和结构型吸波材料。

涂敷性吸波材料也就是涂敷在飞行器表面用来吸收雷达波的涂料。它分为普通型材料、放射同位素型涂料和纳米隐身型涂料等。普通型涂料主要是各种铁氧体材料，即在氧化铁类陶瓷材料中加入少量的锂、镍等金属，如用于厘米波段隐身的锉（或镍）锡铁氧体等。目前研制出的普通型隐身涂料种类多、效果好；放射性同位素型涂料又称有源吸波材料或主动等离子隐身材料，它以钋 -210、锯 -242、锶 -90 等放射性同位素为原料，其原理是通过放射性同位素衰变辐射的高能粒子，轰击周围空气分子，形成等离子屏，等离子可吸收高于自己频段的电磁波，对低于自己频段的电磁波则产生绕射、散射、反射，造成雷达的测量误差。其特点是吸收频带宽，反射衰减率高，使用寿命长。但是，由于放射性同位素型涂料对战机飞行员和维护保障人员有很大的危害，因此很少被采用；纳米隐身材料是将某些吸波材料加工成纳米级，利用纳米材料的特殊结构与入射雷达波相互间产生的量子尺寸效应及隧道效应等获得很好的吸波效果。如普通的铁氧体材料加工成纳米级，其吸波能力将大增。

机身和机翼蒙皮采用吸收剂散布型吸波材料的 F-22“猛禽”战斗机

结构型吸波材料是采用具有高强度宽波段吸波性的轻质耐热复合材料作为战机结构材料，由多层结构材料组成（至少有 3 层：最外层是透波层；中间层是电磁波损耗层；最内层是基板），具有反射抵消雷达波的特性。由于结构型隐身材料是以非金属为基体填充吸波材料形成的，因此，结构型吸波材料既是一种承力部件，又是一种具有优良的电磁波吸收性能的复合材料。

目前，各国研制的结构型吸波材料大致有吸收剂散布型、层板型和夹心结构型3种。吸收剂散布型是由热塑性聚醚醚酮类树脂纺成单丝和复丝，分别和碳纤维、玻璃纤维等特殊纤维按一定比例交替混杂成纱束，再将其编织成织物与同类树脂制成复合材料。美国F-117“夜鹰”攻击机的垂尾、F-22“猛禽”战斗机的机身和机翼蒙皮均采用了这种吸波材料；层板型是将复合材料制成多层结构，最外层为透波材料，中间层为电磁损耗层，最内层则由具有反射雷达波性能的材料构成；夹心结构型是用透波性良好且强度高的复合材料作面板，以蜂窝结构、波纹结构或锥形结构作芯子，再用石墨、磁粉、泡沫、铁氧体、碳墨等吸波材料填充而制成的复合材料。特点是重量轻、比刚度、比强度高、易做成复杂曲线结构。美国B-1B“枪骑兵”轰炸机运用的夹心结构型材料占整个结构材料的30%。

大量采用夹心结构型吸波材料的B-1B“枪骑兵”轰炸机

其他材料

除上述雷达隐身材料外，各国还在不断研究新的吸波材料，具有蜂窝结构、黑体结构、螺旋结构、旋光性结构以及利用其旋光色散特性吸收电磁波能量的柔性聚合材料；具有轻质宽频带特性的导电高聚物材料；靠电磁涡流损耗和磁滞损耗降低电磁波辐射的多晶铁纤维吸收材料电流/磁流变吸波材料；半导体隐身材料；可具有感知功能、信号处理功能、自我指令并对信号作出最佳响应的新型智能型隐身材料等。

B-1B“枪骑兵”轰炸机仰视图

战机如何实现红外隐身

作为雷达探测的补充，红外探测器是远程探测战机的另一种重要设备。随着光电技术的飞速发展，重视红外探测的军事强国越来越多。因此，战机隐身技术的一项重要工作就是提高自己反红外探测的能力，也就是红外隐身技术。

美国 F-22“猛禽”战斗机采用了多种加强红外隐身能力的措施

所谓的红外隐身技术，就是采用屏蔽、低发射率涂料、热抑制等措施，降低或改变目标的红外辐射特征，即降低目标的红外辐射强度与特性，从而实现目标的低可探测性。这可通过改进结构设计和应用红外物理原理衰减、吸收目标的红外辐射能量，使红外探测设备难以探测到目标。目前，抑制战机红外辐射的方法主要有下述几种。

第一，改变战机本身的红外辐射特征，即改变本身的红外辐射波段，使战机辐射波段处于红外探测装置的探测频段之外，使其失效以达到隐身目的。

第二，模拟背景的红外辐射特征，使战机与背景的红外辐射分布状态相协调，成为整个背景红外辐射图像的一部分或采用红外辐射变形技术，通过改变战机各部分红外辐射的相对值和相对位置，改变战机易被红外成像系统所识别的特定红外图像特征，从而使敌方难以识别。

第三，降低战机红外辐射强度，即降低其与背景的热对比度。其主要是通过降低辐射体的温度和采用有效涂料降低战机的辐射功率，使敌方红外探测器接收不到足够的信息，减少被发现、识别和跟踪的概率。

具备声音、红外、可见光和雷达波全方位隐身能力的美国 F-117“夜鹰”攻击机

目前，战机采用的红外隐身技术主要有在战机表面涂覆红外涂料，在涂料中加隔热和抗红外辐射成分，以抑制战机表面温度和抗红外辐射；采用闭合回路冷却系统，这是隐身战机普遍采用的隐身技术。它能把座舱和机载电子设备等产生的热传给燃油，以减少战机的红外辐射特征。此外，还可以采用局部冷却或隔热的方法降低蒙皮温度，或采用蒙皮温度预热燃油的方法。

由于发动机的尾喷管和排气尾焰是红外探测器的主要红外源，因此要减小发动机尾喷管或排气口的红外辐射特征。目前，已采用或正在研究的措施有以下几种：采用散热量小的发动机和红外特征小的结构布局。现代隐形战机大多采用无加力后燃室涡扇发动机，相对于涡喷发动机具有噪声小、排气温度低、尾焰红外辐射强度低、节约能耗等优点。在燃烧室设计上不断完善燃烧技术，采用高效节能燃烧室和燃烧充分、雾化良好的气动喷嘴或蒸发式喷嘴。采用金属石棉夹层材料以及铝塑纸等各种隔热材料对发动机进行隔热。采用全长加力筒体隔热屏及延长发动机尾喷管并采用热保护层或者发动机深埋入机腹内等。采用发动机废气出口遮蔽法，如用发动机排气口周围的环形罩遮蔽红外辐射特征；在喷口附近安装排气挡板或红外吸收装置，或使战机采用大角度倾斜的尾翼遮挡红外辐射特征等。

实践证明，通过采用上述各项技术措施，可把战机的红外辐射消除 90%，使敌方红外探测器从战机尾部探测的距离缩短为原来的 30%，甚至更小。

采用全向轴对称推力矢量喷口的俄罗斯苏 -57 战斗机

战机如何实现可见光隐身

在战机隐身设计中，视觉特征是除了雷达反射截面积和红外特征以外的另一个主要问题，尤其是在近距格斗中。目前，要想实现战机对视觉完全隐形还不现实，但是在可见光隐形上至少做到了在一定的视距内不易被发现。

目前，战机反可见光探测采取的隐身技术措施主要有改变战机外形的光反射特性，用小水平面多向散射取代大曲面反射（效果与镜面反射相似）；控制战机本身的亮度和色度，如在表面喷涂迷彩、使目标与背景色彩和亮度匹配；合理控制发动机尾焰和尾迹；控制照明和信标灯光以及运动部位闪光信号等。

“食肉鸟”隐形验证机在空中飞行

此外，欧美等国还在研制视觉隐形材料。

第一种是热致色变材料，它根据温差以及所组成颜料的性质可以很快由一种颜色改变成另一种颜色。这类材料虽然有多种改变色彩的能力，但是动态反应能力慢，因此优先用于移动速度慢的装备。

第二种是光致色变材料，它对光辐射较敏感，能根据环境自动改变颜色。当掺杂二氧化钒时，在接近20℃时会产生可逆的相转变，可从半导体转变成绝缘体，从而具有极微弱的滞后效应。在绝缘状态下，二氧化钒是透明的。在导电状态下，特别是在红外线作用下，它具有金属属性，起镜子作用。这种状态的转变可在7～10秒内完成。目前，这种材料可作为反激光的“盾牌”。当受到激光束照射时，二氧化钒薄膜在强热作用下可瞬时改变状态，使入射线向空间反射。

第三种是电致色变材料，例如三氧化钨，可以极其迅速地从一种颜色改变成另一种颜色，特别适用于飞机或巡航导弹的隐形。

20世纪90年代，美国波音公司制造的“食肉鸟”隐形验证机，不但具有惊人的雷达隐形能力，还具有一定的视觉隐形效果。该机采用了独创的类似变色龙的光致色变材料，进气道周围采用了反阴影设计。无论是在空中和地面，俯视、仰视和侧视等各种方位角度以及不同光线条件下，“食肉鸟”隐形验证机都充分呈现了与周围环境背景色自然和谐地融为一体的颜色。无论是在漆黑的夜晚还是晴朗的白天，这种新型可见光隐形技术都能有效地融合在周围环境中，使飞机在一定距离上很难被目视发现。

此外，美国还在研制一种新型主动反照射复合材料隐形技术。该材料就像超薄的等离子电视一样，可覆盖在飞行器外表面，不但能实现雷达隐身，还能根据周围的环境背景改变自身的颜色状态。

停放在机库中的“食肉鸟”隐形验证机

具备一定可见光隐形能力的美国 B-2 轰炸机

锯齿形尾喷管如何提高战机的隐形性能

喷气式飞机的主要动力来自发动机排出的高温燃气，而尾喷管的作用就是使燃气进一步膨胀，继而产生反作用力将飞机向前推动。在此过程中，尾喷管的喷口起到了关键作用，不过对于军用飞机而言，外缘圆整的喷口在工作时会将燃气束成一道圆整的喷流，同一时间从尾喷口流经的高温燃气和冷空气接触的时间是相同的，尾流的温度无法迅速降低，红外信号特别明显，这意味着会增加被红外线探测追踪（IRST）等感知系统探测的概率。因此，军用飞机需要对尾喷流进行降温处理。

美国 F-35“闪电Ⅱ”战斗机的锯齿形尾喷管

降低尾喷流温度的方法有很多，美国 F-117“夜鹰”攻击机选择将尾喷管喷口设计在机翼上表面，B-2“幽灵”轰炸机选择将冷空气引入排气系统，F-22“猛禽”战斗机选择采用小宽高比的二元尾喷口设计分散核心区域的尾喷流温度。这些方法都很有效，但是对于尾喷管直接裸露在外的第三代和第四代战斗机来说，上述方法显然不适用。为此，这些战斗机借鉴了大型民航客机的尾喷管设计技术。

大型民航客机将尾喷管喷口外缘进行锯齿处理，流经喷口的喷流会呈锯齿状散开，在不同的时间接触到环境中的冷空气，从锯齿缺口溢出的高温燃气会提前接触冷空气，分散开来的喷流和冷空气混合之后会显著降低尾喷流的温度，同时还能达到降噪的目的。需要说明的是，民航客机的尾喷管锯齿处理主要是为了降噪，而战斗机尾喷管锯齿处理则主要是为了降低尾喷流的温度，从而减小红外辐射信号，达到红外隐身目的。另外，锯齿形尾喷管还能在一定程度上提高战机的雷达隐身能力。

与机身、机翼、舱门开口等采用平行线外形的设计类似，锯齿形尾喷管可使反射的雷达波向斜方向散射，从而减少发动机正后方的雷达波反射信号特征，实现最大限度压缩后向雷达反射截面积，从而使尾追或者跟踪的敌机、雷达制导导弹难于搜索跟踪。由于技术简单有效，一些第五代战斗机也采用了锯齿形尾喷管，如美国F-35“闪电Ⅱ”战斗机和俄罗斯苏-57战斗机。

F-35“闪电Ⅱ”战斗机在高空飞行

俄罗斯苏-57战斗机的锯齿形尾喷管

苏-57战斗机在高空飞行

现代战斗机的涂装颜色有何讲究

军用飞机的迷彩涂装在一战时就开始使用了，各国在其木制飞机表面的蒙布上涂上橄榄绿色，从上俯视时，可与绿色的森林、田野融合在一起，不易被敌机发现。二战期间，各国十分重视军用飞机迷彩涂装的系统研究，奠定了军用飞机迷彩涂装的基本理论。根据季节、地域、机种和任务的不同可采用不同的迷彩涂装。如舰载机采用下浅灰白色、上深灰色，轰炸机多采用上绿色、下天蓝色，陆基战斗机采用两种不同颜色的变形迷彩，夜间战斗机采用黑色。20世纪70年代后期，美国和英国开始对军用飞机涂装进行专题研究，主题是各种不同的制空迷彩。随后，其他国家也展开了类似的研究。

二战时期美国陆军航空队的 P-51“野马”战斗机

现代的战斗机包括灰色涂装的战斗机，颜色都是经过伪装设计的，只不过实际的伪装跟平常理解的有很大不同。在一般人看来，天空大多数时候都是蓝色的，所以战斗机也应该采用蓝色涂装。然而，实际情况却是蓝色涂装不仅无法获得较好的伪装效果，反而会让战斗机像灯塔一样明显易辨。这个问题的关键在于战斗机所处的高度发生变化后，对它的视角也会发生变化。随着高度角度变化，飞机的背景颜色也会发生变化。在这种不断变化的对比度下，单纯涂成蓝色的战斗机会非常显眼。

如果处在战斗机上方，从上面俯视战斗机，那战斗机上部应该和地面是一样的背景颜色，如果是天空一样的蓝色，自然就露馅了。如果处在同一高度，天空背景颜色不是蓝色而是灰色。因此，现代战斗机普遍采用灰色迷彩涂装。

二战时期美国海军航空兵的 SBD“无畏”轰炸机

美国 F-117“夜鹰”攻击机因为要在夜间出动执行任务，所以开始被涂成了黑色，美国空军认为涂成黑色可以最大限度地发挥 F-117 的隐身性能。但实际的观测结果却让人大感意外。夜间的天空，背景颜色不是纯黑色，而是浅棕灰色。夜间飞行采用棕灰色涂装的隐蔽性更好。除非在完全没有星星、月亮的黑夜条件下，才可能出现纯黑色背景。即便如此，纯黑色也不是伪装色的最好颜色。根据军事演习和实验测试数据，夜间目视搜索时，纯黑色比红色更易目视识别。这证明深色涂装不适合在战斗机等飞机上使用。正是因为深颜色的目视识别效果良好，所以黑色和红色成为航空飞行识别的标准颜色。

采用灰色涂装的德国“狂风”战斗机

值得注意的是，现代战斗机完全不可能依靠颜色实现完全隐身伪装。所以，各国的战斗机在涂装方面都讲求实用性。迷彩保护漆的颜色会让战斗机在某个高度范围内很难被发现，这通常是战斗机自身的主要活动范围。一旦超出范围，就很容易被辨识。

采用灰色涂装的瑞典 IAS 39“鹰狮”战斗机

现代战斗机可以携带多少燃油

现代战斗机的机身长度通常在 10 米左右，除去发动机和航电设备占用的空间，几乎没剩下多少空间可以用来装载燃油。所以，战斗机设计师会想方设法地利用剩余空间装载更多的燃油，油箱基本上是见缝插针，飞机内部只要不安装其他设备的空间就会安装油箱。由于机身遍布燃油，战斗机也被戏称为“空中油箱”。

战斗机的油箱一般由机身的主油箱与机翼、垂直尾翼等处的辅助油箱组成，每种飞机因为体积、内部电子设备安装差异、机体结构差异而造成机内的油箱分布不尽相同。其中，舰载机是受影响最大的一种，因为舰载机的机翼需要折叠，造成机翼有 1/2 的地方不能安装油箱，白白浪费了宝贵的燃油空间。而采用全自动垂直尾翼的俄罗斯苏 -57 战斗机，为了保证传动轴的牢靠，很可能放弃了在垂尾设计油箱。而美国 F-22“猛禽”战斗机这种拥有大三角翼的飞机，机翼油箱就要比 F-16“战隼”战斗机这样的梯形翼大得多。

F-22“猛禽”战斗机拥有较大的机翼油箱

对于很多强调高速性能的战斗机来说，由于机翼很薄，所以机翼辅助油箱的容积就会小很多，而机身油箱占的比重会很大。有些战斗机的机身油箱能够占到全部内部燃油的一半左右，甚至更多。

米格-29SMT战斗机在机背设计了保形油箱

许多战斗机在后续改进时，也曾想方设法增加飞机的内部油箱，比如俄罗斯米格-29SMT战斗机和以色列版F-16战斗机专门在机背设计了一个凸起的保形油箱，这让米格-29SMT战斗机的最大航程达到了苏-27“侧卫”战斗机的2/3，摆脱了“机场保卫者”的恶名，但是代价就是影响了气动外形，导致机动性降低。而苏-35“超侧卫”战斗机则取消了苏-27战斗机的背部减速板，将这个位置改为油箱，多种苏-35战斗机改进型的内部燃油量达到11吨之多。

与俄罗斯战斗机相比，F-22“猛禽”战斗机的油箱设计更能体现出美国强大的技术实力，F-22战斗机在机体远小于苏-27战斗机且要容纳内置弹仓的情况下，通过先进的航电设备集成节约空间，为F-22战斗机设计出载油量高达8.8吨的内部油箱，这已经达到了苏-27战斗机的内油标准。巨大的载油量让F-22战斗机即便使用F-119涡扇发动机这样的高油耗发动机，依然拥有800千米的作战半径（包含15分钟的超音速巡航）。

低空飞行的苏-27“侧卫”战斗机

值得注意的是，战斗机的油箱供油时，都是由机体的主油箱给发动机供油，而其他部位的辅助油箱则通过油泵将燃油补充到主油箱内部。因为辅助油箱通常没有独立供油能力，只有主油箱才能给发动机直接供油。主油箱通过特殊设计，能够保证战斗机在做高机动过载等激烈动作时都能保证恒定的供油。当主油箱的燃油消耗到一定的量时，辅助油箱会将自己的油补充到主油箱中，也就是边消耗边补充，这样可以保证主油箱的燃油一直处于比较充足的状态。

苏-35“超侧卫”战斗机在高空飞行

战斗机的保形油箱与常规副油箱相比有何优点

众所周知，一架飞机能够飞多远，最根本的决定因素就是载油量。载油量越大，飞机就飞得越远；载油量越小，飞机就飞得越近。但是这也有一个问题，战斗机的机体空间是有限的，真正的燃油储存空间并不是很大。通过机翼整体油箱，可以尽量增加载油量。当依然不能满足航程要求时，就需要采用最简单、快捷、经济的方法——加挂副油箱。

虽然副油箱会增加战机的航程，但是常规的副油箱用途单一，影响战斗机的机动性，破坏隐身效果，并且还要占用战机宝贵的武器挂架。另外，战斗机在进入战区之前，或是遇到紧急战况，就需要把副油箱抛掉，防止其影响机动性能，而且在准备空战的时候，无论副油箱内燃油是否用完都要抛掉，非常浪费燃油。

为此，航空专家们设计了一种新型副油箱，也就是保形油箱。这种油箱的设计原理是在保持或不大改变战斗机整体流线型（保形）气动布局的前提下，紧贴机体添置贮存燃油的容器，使容器圆形表面与机翼或机身的表面相切，从而减小飞行阻力和雷达反射面积。具体来说，保形油箱与常规副油箱相比主要有下述几种优点。

美国海军勤务人员正在搬运副油箱

第一，扩大燃油贮存总量，增加飞机航程。对于战斗机、攻击机和战斗轰炸机等高速飞机而言，它们机翼的展弦比小，不便于在机翼内安装主油箱，安装在机身内的主油箱贮存容积极为有限，不适应现代空中作战的远程要求，而安装保形油箱能增大飞机的燃油贮存总量，提高飞机的航程和机动能力。不仅如此，保形油箱中大都装有增压系统和油泵式供油系统，能在各种条件下为发动机提供燃油。

携带副油箱的美国 F-16“战隼”战斗机

第二，维持战斗机整体流线型不变，减少飞行阻力。流线型物体在空气中运动时所受的阻力要比不规则凸出型物体或外挂型物体所受阻力小得多。也就是说，流线型保形油箱相比外挂副油箱阻力可大幅下降。以 F-15C 战斗机为例，其保形油箱优秀的外形设计恰好填补了进气道外壁和翼根之间的空间，与飞机的外形融为一体，使飞机在亚音速飞行时不增加飞行阻力，即使超音速飞行阻力增加也不大，不会影响飞机的载荷系数和速度极限。

第三，增加装载平衡，提高飞行稳定性。在战斗机上配置油箱时，除考虑油量容积外还必须考虑战斗机重心位置和容许变化范围。保形油箱有效地缩短了副油箱到战斗机重心的距离，增大了左右油箱油量容许变化范围，增强了战斗机的稳定性。机翼下的副油箱因为远离战斗机的中心轴线，载满燃油时，战斗机左右平衡的难度系数较大。而保形油箱一般紧贴机身，与战斗机重心点的距离较近。战斗机摆动时，保形油箱因力臂短而产生的摆动力矩较小，战斗机自然就稳定得多。虽然战斗机一般都有平衡输油系统，但飞行中难免出现战机左右发动机组耗油量不等，而导致出现左右油箱剩油量不等的情况。相比副油箱，保形油箱距战斗机重心较近，左右油箱油量不等而产生的转动力矩就不会很大，这样就增大了左右油箱油量容许变化范围，使飞行更为安全可靠。

携带副油箱的英国“台风”战斗机

第四，减少雷达反射截面，增强隐身能力。合理设计战斗机外形，对于减小其雷达反射截面有决定性的作用。而战斗机安装适当的保形油箱，不仅不会增加战斗机的雷达反射截面，而且还能减少战斗机整体雷达反射截面。例如，F-15C 战斗机上的保形油箱不仅可以减少进气道与外壁和翼根之间垂直相交的截面，使油箱与飞机的外形融为一体，还可以减少副油箱的反射截面，减小反射源数量，使机身形成平滑过渡的曲线形体。

第五，增加装载空间，提高载弹能力。一般来说，战斗机通过保形设计可以让出副油箱所占用的武器装载空间或挂载位置，甚至可以挂载新的武器挂架，从而提高载弹能力。例如在设计 F-15C/D 战斗机的保形油箱时，为了增加挂架，又不影响原先进气道下的 4 个半埋式的“麻雀”导弹挂架，设计人员在保形油箱下方前后增加了 2 个挂架，可以挂载“麻雀”导弹，也可以挂载航空炸弹。后来在设计 F-15E 时，设计人员又重新安排了保形油箱下方的挂架：最下方安装了一体式挂架，其中整合了 3 个小挂架，在一体式挂架上方又增加了 3 个单独的挂架，这样每个保形油箱就有 6 个挂架，每个挂载能力达 454 千克。

除上述几点外，保形油箱的优点还有很多。例如，因为保形油箱大都使用了隔舱化设计，它们除了能装载燃油外，还可以安装侦察传感器、雷达探测干扰设备、激光识别器、微光电视设备和侦察照相机等额外装备。

设有保形油箱的 F-15C“鹰”式战斗机

小知识：

虽然保形油箱的优点较多，但它也不是毫无缺点。保形油箱多是半永久性安装的，在保形油箱与机身之间的缝隙必须用密封条填补，将其拆下来的概率都不大，更不用说飞行中投掷了。不能投放的保形油箱会增加战机的重量，从而影响战斗机的机动性。

战机的油箱如何实现安全防爆

燃油是现代社会不可或缺的主要能源之一，使用场合非常广泛。众所周知，燃油是易燃易爆的危险品，车辆失事后起火甚至爆炸事件在日常生活中并不鲜见，在影视剧中更是司空见惯。为此，许多人都有这样一个疑问：战机的油箱可以说是四处分布，在激烈空战中被击中的概率很大，再加上战机巨大的载油量，飞行员岂不是相当于坐在一个随时可能爆炸的大油罐上面？其实，关于油箱的安全防爆问题，战机设计师也考虑到了，并采取了许多措施来防止这一危险的发生。

目前，欧美国家的战机主要有两类油箱防爆装置：一类是采用抑爆材料，如聚氨酯泡沫和铝箔网，属被动式防爆装置；另一类是采用惰化系统，如氮气和海伦惰化系统，属主动式防爆装置。惰化系统需要一套控制系统，整个装置显得比较复杂，

美国 F-105“雷公”战斗轰炸机

有的惰化系统需要提供一套地面供应源设备，成本较高。以美国为例，其在海伦惰化系统方面做了大量的研究工作，并在 F-16“战隼”战斗机上进行了试验。为了确定海伦和空气的混合比、海伦对燃油的污染以及海伦对发动机燃烧的影响，美国投入了大量资金并进行了大量试验才得出结论。

聚氨酯泡沫材料

由于惰化系统技术复杂，世界上绝大多数军用飞机都采用以聚氨酯泡沫材料填充油箱的方法防止油箱爆炸，如苏 -27“侧卫”战斗机、米格 -29“支点”战斗机、F-105“雷公”战斗轰炸机、F-4“鬼怪Ⅱ”战斗机、C-130“大力神”运输机、F-15“鹰”式战斗机等。聚氨酯泡沫材料装填油箱，优点是实施简便，可以减轻后勤保障负担，且具有全天候保护飞机的能力。不过，聚氨酯泡沫材料缺乏水解稳定性，在极端的温度和湿度条件下容易出现问题。当其分解时，燃油系统一旦受到污染，容易堵塞油滤。

美国 F-15“鹰”式战斗机

美国 C-130“大力神”运输机

铝箔网材料

为了克服聚氨酯泡沫材料的不足之处，美国开始研究一种在高温高湿条件下不产生水解作用而又不破碎的材料，其结果就是铝箔网材料。这种材料是目前最为先进的抑爆材料，它具有泡沫充填材料的被动防爆性，无须后勤保障的优点；同时，因其金属特性，在工作温度方面没有限制，具有水解稳定性，并且在加油的过程中不易产生静电。

油箱发生爆炸通常是由于燃油的挥发性气体快速燃烧，释放出大量热量，使油箱内的压力急剧增高，超过了油箱本身允许承受的压力所导致的。油箱中放置铝箔网材料后，由于该材料的网孔组成了蜂窝状的结构，把油箱内腔分成许多很小的“小室”，这些“小室”可以遏止火焰的传播。同时，这种蜂窝结构在单位容器内具有很高的表面效能，从而具有极好的吸热性，可迅速将燃烧释放出来的绝大部分热量吸收，使容器内的压力值增高不大，从而避免发生爆炸。

俄罗斯米格 -29“支点”战斗机编队

美国 SR-71“黑鸟”侦察机如何解决持续超音速飞行时的高温问题

SR-71“黑鸟”（Blackbird）侦察机是美国洛克希德 • 马丁公司的臭鼬工厂于 20 世纪 60 年代研制生产的远程高空高速战略侦察机。该机采用了大量当时的先进技术，是第一种成功突破热障的实用型喷气式飞机。

SR-71 侦察机机身 93% 的结构采用钛合金制造，可承受 230℃的气动摩擦温度，发动机尾喷管周围区域的温度更是高达 510℃，而这些钛还是在冷战高峰期间，美国中央情报局秘密成立了许多空壳公司向当时钛金属的最大出口国苏联购买的，洛克希德公司用各种可行的伪装方法防止被苏联政府得知这些钛的用途。为了降低成本，洛克希德公司使用的是可在较低温度软化而较易加工的钛合金，制成的飞机会涂上暗蓝色（趋近黑色），以加强热辐射冷却与高空的伪装效果。当飞机以 3 倍音速的速度飞行时，与空气之间的摩擦会产生出大量的热，飞机上的部分位置甚至会被加热到超过 500℃，而黑色的漆能帮助 SR-71 侦察机降低温度。

SR-71 侦察机在高空飞行

钛质蒙皮的研究显示，在逐渐像退火一般的剧烈加热过程中，材质会逐渐强化。为了承受持续超音速飞行时因空气摩擦而产生的高温，SR-71 侦察机需要采用一系列专门研制的新材料，包括耐高温燃油、密封剂、润滑油以及其他组件。主翼内侧蒙皮的主要部分其实是皱纹状的。热膨胀会使平滑的蒙皮撕裂或卷曲，而使蒙皮产生皱褶让它能向垂直方向伸展，避免应力过强，同时也可增强纵向强度。部分 SR-71 侦察机在机身中心附近有红色警示条，以防止维修人员不慎破坏蒙皮，因为这里的蒙皮薄而易破，很大一块区域的下方都没有结构梁提供额外支撑。

SR-71 侦察机前方视角

小知识：

退火是一种金属热处理工艺，指的是将金属缓慢加热到一定温度后，保持足够时间，然后以适宜速度冷却。

SR-71 侦察机的驾驶舱窗户经常被暴露在 320℃以上的环境中，所以工程师需要在不影响飞行员视角的情况下，用特殊材料解决这个问题——在驾驶舱的玻璃窗上覆盖石英。SR-71 侦察机座舱盖的特殊耐热玻璃可承受 340℃的高温。由于 SR-71 侦察机的飞行高度和速度都超出人体可承受的范围，飞行员和系统操作手必须身穿全密封的飞行服，看上去外观与宇航员类似。飞行服具有自己的氧气加压系统，否则当飞行员飞到 2.4 万米以上的高空时就会窒息。每小时 3200 千米的速度会使飞行员暴露在 230℃的温度下，所以座舱的空调温度往往被调至冰点以下。

停机坪中的 SR-71 侦察机

SR-71 侦察机及其飞行员

陆基预警机载机大多选择民航客机而不是军用运输机的原因是什么

预警机借由飞行高度，可自空中搜索各类空中、海上或者陆上目标，获得较佳的预警与搜索效果，延长容许反应的时间与弹性。预警机的任务特点决定了它必须长时间停留在空中，具备足够长的留空时间才能更好地完成监视、搜索、指挥等任务。所以预警机载机大部分都是由巡航时间较长、运行成本较低的民航客机改造而来，只有少数预警机选择军用运输机作为载机。

目前，主要的预警机美国 E-3“望楼”系列预警机，采用波音 707—320 客机作为改装平台；E-737“楔尾”预警机，采用波音 737 客机作为改装平台；以色列“海雕”预警机，采用 G550“湾流”公务机作为改装平台；印度 EMB-145 预警机，采用巴西 EMB-145 客机作为改装平台；瑞典 SAAB 340 预警机，采用瑞典萨博 SF340 支线客机作为改装平台。而印度采用以色列制造的“费尔康”预警机和俄罗斯 A-50 预警机，

以波音 707-320 客机为改装平台的 E-3“望楼”预警机

都采用伊尔 -76“耿直”军用运输机作为改装平台。

与军用运输机相比，预警机由民航客机改造，具有运行成本低、配件价格便宜、省油耐用等明显优势。而军用运输机的短距起降性能、野战跑道起降性能和大型货物运载及进出能力，对需要重点保护的预警机并没有特别的吸引力。而且如果全部使用军用运输机，其使用成本也远远较民航客机高。所以一般来说预警机都把钱花在电子设备上，对平台的要求主要就是便宜可靠，飞行性能够用即可。另一个因素是绝大多数民航客机本身就是增压客舱，噪音、震动较小，配套设施较全，能给内部的工作人员提供一个相对舒适的工作环境，在这方面军用运输机就有明显差距了。

当然，采用军用运输机改装预警机平台也有自己的优点：军用运输机设计适合野战机场起降，一旦基地被袭击，可在战备跑道或前线临时清理出的土地跑道上起飞、迫降，战时生存能力强，其短距起降能力也是民航客机平台所不具备的；军用运输机多采用上单翼布局，发动机安装位置较高，这意味着起降时不容易因吸入异物而导致发动机发生故障，当然上单翼在气动效率上也比下单翼有优势。

以波音 737 客机为改装平台的 E-737“楔尾”预警机

总体来说，使用民航客机改装预警机，比军用运输机改装预警机有更多的优势和好处，这是陆基预警机载机大多选择民航客机而不是军用运输机的主要原因。

由 G550“湾流”公务机改装的“海雕”预警机

由伊尔 -76“耿直”运输机改装的 A-50 预警机

军用运输机大多采用 T 形尾翼的原因是什么

飞机尾翼是通过产生和改变升力来保证飞机稳定性和操纵性的升力面，包括水平尾翼和垂直尾翼。水平尾翼用于保证飞机的纵向稳定性和操纵性，垂直尾翼用于保证飞机的航向稳定性和操纵性。尾翼的气动布局与飞机的飞行性能和使用要求密切相关，在正常式尾翼布局中，根据水平尾翼的位置，又可以分为常规式尾翼布局、水平尾翼与垂直尾翼构成十字形的布局以及水平尾翼与垂直尾翼构成 T 形的布局。除正常式尾翼布局外，还有很多特殊的尾翼布局，比如双立尾、三立尾、V 形布局等，分别适用于不同的飞机类型。

采用 T 形尾翼的美国 C-17“环球霸王 Ⅲ”运输机

T 形尾翼就是水平尾翼布置在垂直尾翼的顶端。从飞机正面看，平尾与垂尾构成 T 字形。T 形尾翼的优点体现为 T 形尾翼布局将水平尾翼抬高，在小攻角飞行时，可以有效避开机翼尾流的干扰，使其操纵效率提高，因此可以减小水平尾翼的面积，从而减轻结构重量。由于水平尾翼位置靠上，T 形尾翼布局还可以实现后机身大开口，方便大型货物的装运。由于 T 形尾翼具有上述这些特殊的气动特性和使用特性，因此它在许多大型军用运输机和尾吊发动机布局的民航客机上得到了广泛的应用。

众所周知，大型民航客机通常采用中单翼或下单翼布局，这样机翼及其下面吊挂的发动机就会离地面较近，日常维护非常方便。但这样布局，机翼承力框架结构必须穿越机身，这对机舱分为上客下货两层的民航客机当然不是问题，但军用运输机为装载坦克、装甲车辆甚至直升机等大型装备就必须保证巨大的舱内空间，因此多采用承力结构从机舱上面穿过的上单翼布局。而且军用运输机经常需要在条件较差的战地机场起降，上单翼可增大发动机离地距离，更不容易吸入砂石，安全性更好。

采用T形尾翼的美国C-5“银河”运输机

在大型军用运输机多采用上单翼布局的前提下，其机翼产生的强大下洗气流会严重干扰后面水平尾翼的工作，但采用T形尾翼，就可以避开前面的气流干扰，获得更高的气动效率，甚至水平尾翼的面积都可以做得更小一些。当然，凡事有利就有弊，T形尾翼不大方便维修，而且失速的时候也不易改出，但对于军用运输机来说，显然前面的优点更重要，故T形尾翼成为主流趋势。

值得一提的是，T形尾翼布局对材料要求较高。对于水平尾翼，由于布置在垂直尾翼顶端，因此在结构上就需要结构质量尽量轻便，这样才能保证尾翼结构能满足气动弹性设计要求。对于垂直尾翼，因为水平尾翼的高度较高，所以垂直尾翼根部的弯矩较大。因此，T形尾翼应选择比强度和比刚度高的结构材料。

采用 T 形尾翼的俄罗斯伊尔 -76“耿直”运输机

欧洲 A400M“阿特拉斯”运输机的 T 形尾翼

双旋翼直升机与单旋翼带尾桨直升机有何区别

按旋翼数量，直升机可分为单旋翼直升机和双旋翼直升机两类。单旋翼直升机主要包括单旋翼带尾桨和单旋翼无尾桨两种构型，双旋翼直升机主要包括纵列式、横列式、共轴式和交叉式四种构型。在现代军队中，单旋翼带尾桨直升机的数量最多，双旋翼共轴式直升机和双旋翼纵列式直升机也得到了一定程度的应用，其他构型的直升机则极少出现。

采用双旋翼纵列式布局的美国 CH-47“支奴干”直升机

双旋翼共轴式直升机

双旋翼共轴式直升机（以下简称共轴式直升机）与单旋翼带尾桨直升机的主要区别是采用上下共轴反转的两组旋翼用来平衡旋翼扭矩，不需尾桨。在结构上，由于采用两副旋翼，与相同重量的单旋翼直升机相比，若采用相同的桨盘载荷，其旋翼半径仅为单旋翼直升机的 70%。单旋翼直升机的尾桨部分必须超出旋翼旋转面，尾桨直径约为主旋翼的 16% ～ 22%，这样，假设尾桨紧邻旋翼桨盘，则单旋翼直升机旋翼桨盘的最前端到尾桨桨盘的最后端是旋翼直径的 1.16 ～ 1.22 倍。由于没有尾桨，共轴式直升机的机身部分一般情况下均在桨盘面积之内，其机体总的纵向尺寸就是桨盘直径。这样，在桨盘载荷、发动机型号和直升机总重量相同的情况下，共轴式直升机的总体纵向长度仅为单旋翼直升机的 60% 左右。

共轴式直升机机身较短，同时其结构重量和载重均集中在直升机的重心处，因而减少了直升机俯仰和偏航的转动惯量。在10吨级直升机上，共轴式直升机的俯仰转动惯量大约是单旋翼直升机的一半。因此，共轴式直升机可提供更大的俯仰和横滚操纵力矩，并使直升机具有较高的加速特性。

由于没有尾桨，共轴式直升机消除了单旋翼直升机存在的尾桨故障隐患和在飞行中因尾梁的振动和变形引起的尾桨传动机构的故障隐患，从而提高了直升机的生存率。由于采用上下两副旋翼，增加了直升机的垂向尺寸，两副旋翼的桨毂和操纵机构均暴露在机身外。两副旋翼的间距与旋翼直径成一定的比例，以保证飞行中上下旋翼由于操纵和阵风引起的极限挥舞不会相碰。两旋翼间非流线不规则的桨毂和操纵系统部分增加了直升机的废阻面积，因而，共轴式直升机的废阻功率一般来说大于单旋翼带尾桨直升机的废阻功率。

一般来说，共轴式直升机绕旋翼轴的转动惯量大大小于单旋翼带尾桨直升机，因而，航向的操纵性好于单旋翼带尾桨直升机，而稳定性相对较差。由于共轴式直升机机身较短，故增加平尾面积和采用双垂尾都可提高直升机的纵向和航向稳定性。共轴式直升机垂尾的航向操纵效率只在飞行速度较大时方起作用。

美国CH-47“支奴干”直升机仰视图

采用双旋翼共轴式布局的俄罗斯卡 -52“短吻鳄”武装直升机

双旋翼纵列式直升机

双旋翼纵列式直升机（以下简称纵列式直升机）机身前后各有一个旋翼塔座，两副旋翼分别安装在两个塔座上，两副旋翼完全相同，但旋转方向相反，它们的反作用扭矩可以互相平衡。两副旋翼桨盘一般是有重叠的，通常大约为 30% ～ 50%。

从气动力上来看，前旋翼尾涡对后旋翼会产生气动干扰，使后旋翼处在非常不利的气动环境中。为了使后旋翼对前旋翼尾涡工作所产生的气动干扰减少到最低限度，需要将后旋翼提高。后旋翼在前旋翼的尾涡中工作，这就是振动、交变载荷、噪声和功率损失的重要根源。一般说来，纵列式旋翼结构适合中型和大型直升机。

纵列式直升机的突出优点是纵向重心范围大，因此可以将机身设计得比较庞大。这种直升机的纵向操纵通过主旋翼差动总距变化使主旋翼拉力改变来进行，滚转操纵由周期变距使拉力产生横向倾斜而得到，而高度操纵则由主旋翼总距改变来完成。利用差动周期变距使两副旋翼拉力差动横向倾斜，可以达到航向操纵目的。

与单旋翼直升机相比，纵列式直升机结构紧凑，所以航空母舰大多装备纵列式直升机。纵列式直升机抗侧风能力强，在大风作用下有较大的操纵余量。有安全统计资料表明：纵列式直升机的事故率明显低于单旋翼直升机，总事故率和事故所造

采用单旋翼带尾桨布局的美国 AH-1“眼镜蛇”武装直升机

成的灾难都低得多。

悬停时，纵列式直升机由于其较大的俯仰阻尼和较大的操纵功效，故其纵向操纵品质优于单旋翼直升机，而由于其较低的偏航阻尼与较大的偏航和滚转惯性，故其横向操纵品质低于单旋翼直升机。前飞时，纵列式直升机具有较大的迎角不稳定性。另外，两副旋翼之间气动力的干扰会对纵列式直升机的操纵品质产生不利的影响。

经常低空飞行的武装直升机如何提高生存能力

飞行在“树梢高度”，具有很强火力而又灵活机动的武装直升机，对地面部队构成的威胁很大。因此，各国的军事专家都在研究对付它的办法。在防空力量日趋加强的现代战争中，武装直升机所面临的将是一种从天上到地面多方位、多种类被探测与被攻击的战场环境。单兵便携式防空导弹、多管自行高射炮、反直升机地雷等多种地面武器，都能对武装直升机造成杀伤。在这种局面下，武装直升机必须积极采取应对措施提高自己的生存能力。

俄罗斯卡 -50“黑鲨”武装直升机在低空飞行

隐形技术是提高武装直升机生存能力的有效措施。未来作战行动中，发现到摧毁的时间差将更加短暂，因而在作战中谁先被发现谁就会处于被动地位。因此，未来武装直升机将广泛采用隐形技术，以降低被发现的概率。直升机的隐形技术和固定翼飞机的隐形技术稍有不同，因为雷达不易探测到小山后面飞行的物体。如直升机贴地低速飞行，地形杂波能更好地掩蔽直升机，这是直升机隐形有利的一面。但直升机速度低，又使雷达有足够的时间报警，这是直升机隐形不利的一面。

超低空飞行的美国 AH-1“眼镜蛇”武装直升机

为了对付敌方的探测和跟踪，在设计武装直升机时，所采用的各种隐形技术主要包括缩小外形体积、涂伪装色、减少反光、降低噪声、吸波隐身、红外抑制、报警与干扰、施放烟幕、掠地（海）飞行、缩短暴露时间等。缩小外形体积、缩小旋翼直径、采用单座椅或阶梯式纵列双座椅的窄机身，使机身更加细长，可减少被敌方发现的概率。此外，采用可收放式起落架、内置弹仓、在桨毂和桨叶根部加装整流罩、把发动机包藏在机身内、将进气口设计成棱形等，这些措施都可以降低直升机的雷达反射截面积。而在机身上涂伪装色可使直升机的色彩与背景接近，当其在树林、草地和沙漠上空飞行时，就会淹没在背景中，不易被目视发现。

低空飞行的南非 CSH-2“石茶隼”武装直升机

由于武装直升机飞行高度低、机动性较差，且紫外、红外暴露特征明显，红外 / 紫外双色制导导弹对武装直升机构成了严重威胁。为了有效躲避红外 / 紫外双色制导导弹的跟踪和攻击，提高自身的生存能力和安全性，许多武装直升机都采用了机载红外对抗技术，包括红外诱饵弹、前视红外、定向红外对抗等。为了应对迅速发展和完善的光电侦察、火控设备以及红外成像、激光、电视、复合制导等光电制导武器，未来武装直升机的机载红外对抗技术和装备将向综合化、一体化、多元化、立体化等方面发展。

此外，现代武装直升机几乎无一例外地采用抗弹击材料设计其系统、部件和零件。例如，在驾驶舱的上方、前方、两侧及两舱之间加装防弹玻璃；在驾驶舱下部和地板加装防弹装甲；在座椅底部、两侧及靠背加装复合材料装甲；在其升力系统中大量使用复合材料提高抗弹击能力；在发动机、燃油系统、滑油系统及其重要管路加装防弹装甲或采用特种材料。

印度“楼陀罗”武装直升机

直升机有哪些提高飞行速度的方式

现代直升机尽管具有诸多优势，但飞行速度始终落后于固定翼飞机，最高速度只有 350 千米 / 时左右。其中，直升机旋翼是限制其速度提高的一大障碍，它虽可赋予直升机垂直升力，但却弱化了它的水平速度，从结构上限制了直升机速度的提升。在过去几十年间，直升机的飞行速度始终徘徊不前。近年来，由于军用和民用需求的推动，以新技术、新材料、新工艺为基础的直升机技术的发展和更新都在加速。而军事领域对于直升机飞行速度日益严格的要求，则是高速直升机快速发展的直接推动力。目前，美国、欧洲和俄罗斯都已经加快了高速直升机的研究，高速直升机的时代即将来临。

直升机的提速将使直升机迎来新的革命，新一代高速直升机需要在空气动力总体布局、旋翼结构、机体结构、新材料和新工艺的应用、动力装置配置、航电系统更新等方面进行大的改进。目前来看，直升机提高飞行速度的方式主要有下述几种。

美国西科斯基 X2 高速直升机

第一，附加推力式。设计思想是在保留现有直升机旋翼、机身、起落架等基本部件和系统的同时，通过去除尾桨及其传动装置，附加水平推力装置和操纵系统，通过增加直升机前飞时的水平拉力或推力来提高飞行速度，提升原有性能。附加推力式通常采用共轴双旋翼布局，旋翼系统为上下四桨叶反转型。旋翼之间由于刚性连接可使间距大大缩短，因此避免了直升机柔性旋翼在高速飞行时桨叶挥舞过大而导致上下桨叶相碰撞。同时，这种旋翼形式能尽量利用前行桨叶提供升力，反转的刚性旋翼允许当速度增大时后行桨叶过载减小，从而消除了旋翼后行桨叶的失速现象，提高了旋翼的升阻比，改善了直升机的高速性能。双尾翼能提供方向稳定与操纵，其区别于传统直升机之处则是尾部增加了共轴式螺旋桨，为前后三片桨叶的反转型，专门提供水平推力，以此提高直升机的飞行速度。

第二，交叉组合式。设计思想是通过直升机与其他航空器技术的交叉与结合，优势互补，扬长避短，提高飞行速度，提升原有性能。例如，直升机与旋翼机交叉结合，直升机与飞艇交叉结合等。当前已经取得成功并投入使用的倾转旋翼机就是直升机与固定翼飞机交叉结合的结果。有关的设计具体涉及机翼、旋翼、动力舱、转动机构、操纵系统等部分，分别属于可倾转型、动力舱倾转型、倾角倾转型。可倾转翼型的机翼为主动倾转部件，发动机和旋翼伴其随动，其他部件保持不动。动力倾转型的动力舱为主动倾转部件，旋翼伴其随动，其他部件保持不动。倾角倾转型的机翼为主动倾转部件，通过改变迎角完成倾转，动力舱和旋翼伴其随动，其他部件保持不动。

第三，圆盘旋翼式。圆盘旋翼式的旋翼作为直升机的关键部件，首先具有机翼的功能，能产生向上的升力。其次还具有类似于飞机推进装置的功能，产生向前的推力。同时还具有类似于飞机操纵面的功能，能够产生改变机体姿态的俯仰力矩或滚转力矩。圆盘旋翼式旋翼机的最大技术特色是垂直起降与水平推进的职能分工明确，前者交由圆盘旋翼完成，后者则由翼吊双发完成。另外一个技术特色是旋翼收入圆盘内并锁定后，整机就变成了一架固定翼飞机，即以机体为主，圆盘翼在前上方，机翼在后方。由于不存在尾翼，也没有尾翼的干扰。作为运输机使用，人员、物资和装备与旋翼机接近性更好，车辆可以直接进出货舱，装卸作业非常方便，工作效率大大提高。同时，其气动力优势更明显，能够在飞行中获得更大的升力。

Part 03

设 备 篇

除了机身结构外，动力系统、机电系统、航电系统也是战机的重要组成部分。动力系统是指战机发动机以及保证战机发动机正常工作所必需的系统和附件的总称。机电系统是战机上执行飞行保障各项任务的系统的总称。航电系统一般可分为传感器系统、控制系统以及作为人机接口的综合电子显示系统。

军用飞机使用的喷气式发动机有哪些类型

在过去的 100 多年里，航空发动机基本上可分为活塞式发动机与喷气式发动机两大类。活塞式发动机具有耗油低、成本低、工作可靠等特点，在喷气式发动机发明之前的近半个世纪内，是唯一可用的航空飞行器动力。1939 年，世界上第一架以喷气式发动机为动力的德国亨克尔 He-178 飞机在首次试飞时就达到了 700 千米 / 时的飞行速度，已接近活塞发动机飞机的极限速度，宣告了一个新的航空时代的到来。

喷气式发动机利用低速流入发动机的工质（空气或燃料）经燃烧后以高速向后喷出，直接产生向前的反作用力推动飞行器前进。它可以产生很大的推力，而自身重量又较轻，从而大大提高了飞机的飞行速度。

喷气式发动机可分为无压气机和有压气机两类。无压气机的喷气式发动机包括冲压式喷气式发动机和脉动式喷气式发动机，有压气机的喷气式发动机包括涡轮喷气式发动机、涡轮风扇发动机、涡轮螺旋桨发动机和涡轮轴发动机。

冲压式喷气发动机

冲压式喷气发动机由进气道（扩压器）、燃烧室和尾喷管组成，它利用飞行器高速飞行时，迎面气流进入发动机减速增压后直接进入燃烧室喷油燃烧，从燃烧室出来的高温高压燃气直接进入尾喷管膨胀加速，向后喷出，产生反作用推力。它不能在静止状态或低速下启动，需要用其他助推器使航空器达到一定速度后才能启动并开始有效工作。按飞行速度，冲压式喷气发动机可分为亚音速和超音速两种。

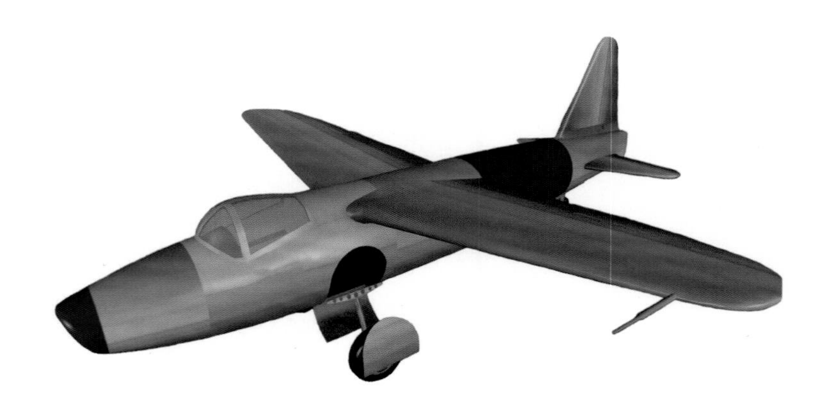

He-178 喷气式飞机 3D 模型图

脉动式喷气发动机

脉动式喷气发动机是空气和燃料间歇地供入燃烧室的无压气机喷气式发动机。当一股空气顶开进气活门进入燃烧室后，进气活门在弹簧作用下关闭，此时喷进燃油并点火燃烧，燃烧后的高温燃气由尾喷管高速喷出，产生推力，吸开进气活门，空气又进入发动机燃烧室，重复上述过程，因此燃烧与喷气是断续的。

涡轮喷气式发动机

涡轮喷气式发动机的特点是完全依赖燃气流产生推力，通常简称为涡喷发动机，可分为离心式与轴流式两种。与离心式相比，轴流式具有横截面小、压缩比高的优点，当今的涡喷发动机大多为轴流式。涡喷发动机适合航行的范围很广，从低空亚音速到高空超音速飞机都有广泛应用。苏联米格 -25“狐蝠”高空超音速战斗机即采用留里卡设计局的涡喷发动机作为动力，曾经创下 3.3 马赫的战斗机速度纪录与 37250 米的升限纪录。与涡轮风扇发动机相比，涡喷发动机的燃油经济性要差一些，但是高速性能要优于涡轮风扇发动机，特别是高空高速性能。

使用涡喷发动机的苏联米格 -25“狐蝠”战斗机

涡轮风扇发动机

涡轮风扇发动机是目前较为常见的航空发动机，通常简称为涡扇发动机。与涡喷发动机相比，涡扇发动机在压气机的前方有一个与压气机串联的风扇，贯穿于发动机的传动轴直接驱动风扇，风扇也有一定的压气能力。整个引擎被分为内涵道与外涵道，内涵道类似于涡喷发动机，外涵道则可直接让风扇加速过的气流高速通过。高涵道比的涡扇发动机推力更大，更省油，提速更快，但是风扇自身带来的阻力会影响飞行器的速度性能，因此战斗机这类追求卓越速度性能的飞行器普遍采用低涵道比的涡扇发动机。

使用涡扇发动机的印度“光辉”战斗机

涡轮螺旋桨发动机

涡轮螺旋桨发动机通常简称为涡桨发动机，它与涡扇发动机结构较为类似，不过压气机前方的风扇换成螺旋桨，传动轴通过变速齿轮组驱动螺旋桨运转，可以理解为外涵道无限大的涡扇发动机。涡桨发动机在低速低空条件下能提供更好的推力，油耗更低，因此适用于需要频繁起降并在低空飞行的飞机，如运输机和海上巡逻机等。现代的涡桨发动机还可以调整螺旋桨叶片的角度，以形成包括反推在内的诸多推力级别。

涡轮轴发动机

涡轮轴发动机由涡喷发动机衍生而来，通常简称为涡轴发动机，主要用于直升机。它是一种将燃气通过动力涡轮输出轴功率的燃气涡轮航空发动机，其工作特点是几乎将全部可用能量转变为轴功率输出，高速旋转轴通过减速器驱动直升机的旋翼及尾桨。

使用涡桨发动机的俄罗斯图 -95“熊”轰炸机

航空发动机的涡轮如何有效降温

涡轮是航空涡轮喷气发动机的“心脏”，其工艺水平在很大程度上代表着一个国家的航空发动机制造水平。涡轮制造的最大难点就是高温，现代航空发动机的涡轮温度在 1500℃以上，随着航空业的不断发展，涡轮的工作环境也会更加恶劣。

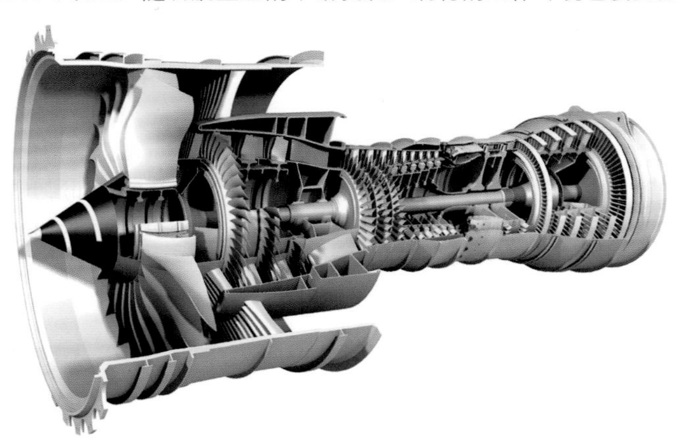

航空涡轮喷气发动机横截面

解决涡轮高温过高问题的方法主要有两种：一是采用耐热材料，二是采用优秀的冷却设计。早期的涡轮叶片并没有采用冷却技术，因此，温度很难超过 1000℃。航空发动机设计师开始尝试在保证强度的前提下，在叶片内部增加数条小通道，使冷却气体通过，这种冷却设计叫作对流冷却。

随着材料科学的不断发展，叶片强度得到了提高。内部小通道的数量越来越多，直到叶片被挖空。在空心叶片的内部再设计一个壳体，壳体上有一定数量的小孔，冷却空气会通过这些小孔冲击叶片内壁，这种设计叫作冲击冷却，可以选择强化某些关键部位的散热能力。有的设计师往空心叶片中装入各式各样的扰流柱与扰流肋，以加强冷气扰动。

美国 B-52 轰炸机的涡轮风扇发动机

为了进一步提高冷却能力，已经将叶片“凿”空心的设计师开始尝试由“内部冷却”向“外部冷却”转变，这个时期的冷却系统设计难度也有了质的提高。通俗点说，就是让从叶片内流出的冷却空气，形成一层“气膜”，将叶片与高温燃气分开，气膜冷却设计难点在于如何降低孔内穿出冷气的穿透率。

当穿透率逐渐减低，冷却空气会从“喷出”变为“渗出”，像出汗一样，在叶片表面形成气膜，这就是现代涡轮常见的冷却技术——发散冷却。现代涡轮叶片常常同时使用多种冷却技术。由于不同的冷却技术间会相互影响，所以，复合冷却技术并不是简单的组合，而需要综合考量多种因素。

美国空军勤务人员正在拆卸 F-16 战斗机的发动机

军用飞机如何调节座舱温度

曾有军事专家戏言：“空调就是战斗力，没有空调的武器不是好武器。”这句话并不是玩笑话，因为空调对现代化武器装备来说非常重要。例如，坦克中的温度较高，使用空调来降温，可以保证作战人员不会因为温度过高而丧失战斗力，造成非战斗减员。与坦克相比，军用飞机的作战环境更加复杂多变，飞行员面临的身心考验更加严峻。所以，军用飞机的座舱通常都有温度调节功能，但这种功能并非通过一般意义上的空调就能获得。

飞机发明之前，人类就已经通过气球试验认识到高空稀薄空气对人体的危害。20 世纪 30 年代中期，飞机座舱增压和空气调节技术得到迅速发展。时至今日，军用飞机大多配备了完善的环境控制系统，即保证飞机座舱和设备舱内具有乘员和设备正常工作所需的适当环境条件的整套装置。环境控制系统以控制座舱和设备舱的压力和温度为主，它包括座舱供气、空气分配、座舱压力控制、温度控制和湿度控制等。

座舱供气

座舱供气系统是座舱增压和空气调节的气源，主要功用是使舱内气压高于大气环境气压并保持舱内空气清洁。增压气源的主要方式有两种。一种是以发动机压气机出口引出的增压空气作为供气源，其优点是简单、可靠，已得到广泛应用。另一种是采用专门的座舱增压器，从周围大气中直接吸入空气，经增压后供气，既可用飞机动力装置机械传动也可由空气涡轮和液压传动。座舱增压器在现代飞机上已很少使用。为了确保座舱供气可靠，在多发动机飞机上一般都会装置 2 台或 2 台以上发动机引气，以构成 2 个以上的独立增压气源。

美国 B-1B“枪骑兵”轰炸机在寒冷的高空飞行

空气分配

空气分配系统能使调温空气流入并分布于舱内，在舱内生成合适的温度和速度分布，以保证舱内的舒适环境条件。通风空气由空气分配系统的供气喷嘴流入座舱，在舱内流动和通风换气，最后从排气口流出座舱。

座舱压力控制。实现座舱压力控制的主要装置是座舱压力调节器，它由控制器和排气活门（执行机构）等组成。它的功用是使座舱的绝对压力按预定的标准随飞行高度而变化。这种变化规律也称座舱压力制度。这种制度通常因飞机类型不同而异。压力调节器的另一功用是使座舱压力变化速度保持在适当的范围内。此外，飞机还有一些应急装置用于在压力调节器失效或其他必要情况下控制座舱压力，保证飞行安全。

现代飞机的气密座舱并非绝对气密。座舱由供气装置供气，由排气活门和座舱结构缝隙排气，当供气量与排气量相等时座舱压力可维持不变。座舱压力调节器可分为气动式、电子气动式和电子电动式等几种类型。战斗机多采用气动式，运输机则广泛使用电子气动式或电子电动式。更先进的是微处理机控制的数字电动式座舱压力自动控制系统。

美国 B-52“同温层堡垒”轰炸机座舱内部

温度控制

温度控制系统能够合理地控制热空气和冷空气，对座舱的热载荷进行平衡，以达到控制座舱温度的目的。热空气通常可直接从发动机压气机引出，冷空气则由飞机制冷系统提供。低温冷空气与高温热空气经过温控装置适当混合后，被送入座舱或设备舱，以保持需要的温度。座舱温度调定后通常由温控装置自动控制，必要时也可以人工调节。现代飞机机载电子设备日益增加，也会产生大量的热，这不仅可使电子设备的温度环境恶化，而且对座舱温度也有很大的影响，因此必须对电子设备进行冷却。电子设备的冷却，因消耗功率大，要求条件高，是飞机座舱温度控制中的一个难点。随着战斗机座舱热载荷的增加，除座舱空调外，飞行员还可穿着具有热调节功能的通风服或液冷服，以直接保持适宜的温度。

美国 C-130“大力神”运输机座舱内部

湿度控制

对空气进行增湿或减湿可以保持座舱空气具有适宜的湿度。舱内空气太干燥会使飞行员感到不适；舱内空气湿度过大会使空调系统结冰，舱内出现滴水和雾气，座舱玻璃结雾并影响电子设备。舱温在 15℃～ 26℃范围时空气湿度变化对人体影响不大。所以大多数军用飞机对空气湿度不进行控制。但环境控制系统一般都有除湿装置，以除去制冷系统产生的水分。

小知识：

众所周知，海拔每上升 1000 米，温度下降 6℃，所以多数军用飞机作战高度的环境温度都很低，因而需要保暖。少数高速飞机因为速度逼近热障，机体气动加热严重，座舱温度极高，因而需要制冷。例如，苏联米格 -25“狐蝠”战斗机从进气道引气直吹风挡和飞行员进行降温，即便如此，飞行员还需要戴手套才能操作，否则有可能被烫伤。

俄罗斯图 -160“海盗旗”轰炸机座舱内部

作战飞机如何为飞行员提供氧气

无论是战斗机的飞行员还是轰炸机或侦察机的飞行员，升空执行作战任务时都会佩戴氧气面罩。这是因为随着飞行高度的增加，空气密度会逐渐下降，氧气含量也会随之降低，当降低到一定程度时，飞行员会因缺氧而反应迟缓，缺乏对空中态势的正确感知与判断，无法正确执行预定任务，缺氧严重时甚至会失去意识，危及飞行安全。出于飞行安全的考虑，当飞行高度大于 4000 米时，飞行员必须佩戴氧气面罩。即便有些座舱密封的飞机可以采用制氧装置向舱内供氧，为了以防万一，飞行员仍然必须佩戴氧气面罩，以防作战中因敌方攻击导致座舱破裂失压，进而破坏供氧系统。

佩戴氧气面罩的美国空军飞行员

过去，飞机采用氧气瓶向飞行员供氧。由于作战飞机航程远、续航时间长，机内又无法携载过多的氧气瓶，为保障供氧量，氧气瓶一般都采用储存压缩纯氧，通过供氧系统向飞行员提供一定压力的纯氧，因此氧气瓶的供氧量在一定程度上限制了飞机的持续作战能力。为了解决这个问题，现代作战飞机大多安装了制氧装置，在飞行中自制氧气，从而打破了氧气瓶携氧容量的限制，几乎可以无限制地向机上人员提供氧气。制氧装置制造的氧气一般也是纯氧，飞行员可以手动选择氧气系统的供氧方式，将开关置于“纯氧”位置时，系统可向飞行员提供纯氧；将开关置于“混合氧”位置时，系统便可向飞行员提供接近自然状态的混合氧。如此一来，在飞行过程中，无论飞机处于哪个高度，飞行员都能以非常接近自然的状态进行呼吸，从容不迫地飞行。

美国空军 F-16“战隼”战斗机飞行员佩戴氧气面罩

佩戴氧气面罩的美国空军 F-35“闪电 II”
战斗机飞行员

军用飞机如何为机载设备供电

军用飞机上的机载设备耗电量非常大，这些设备关系到飞机的作战能力和生存能力，一旦出现故障或供电不足，后果将无法想像。因此，军用飞机通常都配备有完善的电源系统。

一般来说，军用飞机电源系统由主电源、应急电源和二次电源组成，有时还包括辅助电源。主电源由航空发动机传动的发电机、电源控制保护设备等构成，在飞行中供电。当航空发动机不工作时（如地面测试时），主电源也不工作，这时靠辅助电源供电。飞机蓄电池或辅助动力装置（一种由小型机载发动机、发电机和液压泵等构成的动力装置）是常用的辅助电源。飞行中主电源发生故障时，蓄电池或应急发电机即成为应急电源。二次电源是将主电源电能变换为另一种形式或规格的电能装置，用以满足不同用电设备的需要。

自飞机诞生以来，其电源系统经历了低压直流、交流、高压直流的发展过程，其中交流电源可分为恒速恒频、变速恒频、变速变频系统。

低压直流电源系统

自 1914 年飞机上第一次使用航空直流发电机以来，飞机直流电源系统经历了 90 年的发展过程，其额定电压由 6 伏、12 伏，逐步发展为 28 伏的低压直流电源系统，并一直沿用至今。在低压直流电源系统中，主电源由直流并励发电机、电压调节器、反流切断器和过电压保护器等构成。额定电压为 28 伏，额定功率有 3 千瓦、6 千瓦、9 千瓦、12 千瓦和 18 千瓦等数种。由变流机或静止变流器可把低压直流电变换为交流电作为二次电源。

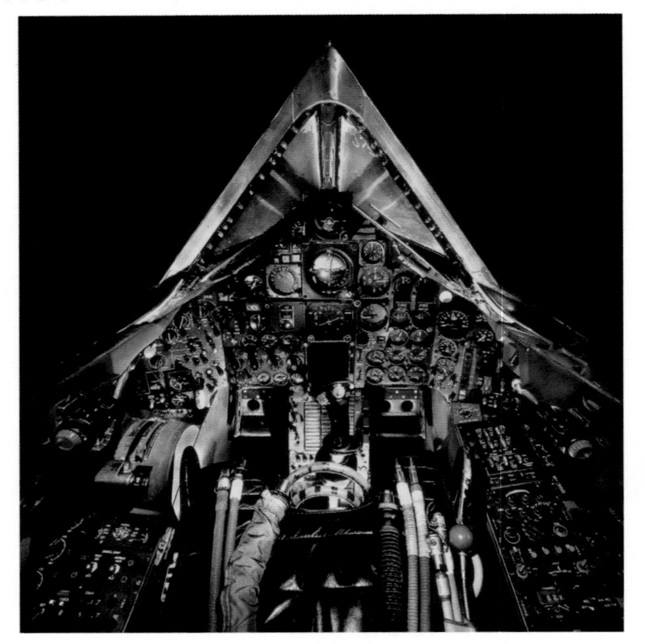

美国 SR-71“黑鸟”侦察机座舱内的电子设备

交流电源系统

在交流电源系统中，恒速恒频系统的主电源是由恒速传动装置和交流发电机构成的400赫、115/200伏三相交流电源系统。额定容量有20千伏安、30千伏安、40千伏安、60千伏安、90千伏安、120千伏安和150千伏安等几种。它用变压整流器作为二次电源，应急电源由飞机蓄电池或应急交流发电机构成。有的飞机还有辅助动力装置作为辅助电源。这种电源系统容量大、重量轻、工作可靠，适合性能高、用电量大的飞机，如轰炸机、中远程运输机和战斗机等。飞机交流电的频率是400赫，比一般市电频率高得多。电源频率高可减小用电设备中的变压器、扼流圈和滤波电容等电磁和电气元件的体积；电动机转速高、重量轻，能满足陀螺仪等高速电动机的要求。频率与发电机的转速有关，受电机结构、强度、损耗和寿命等因素的限制。飞机多用三相交流电，因为三相系统的电机利用率高、体积小，异步电动机的工作性能也很可靠。

变速恒频系统是由航空发动机直接传动的无刷交流发动机和频率变换器构成主电源的400赫三相交流电源系统。变速恒频系统和恒速恒频系统所采用的二次电源、应急电源和辅助电源的相同，恒速恒频系统中的恒速传动装置属精度机械，使用维护困难，制造成本较高，自从 20 世纪 50 年代末功率半导体器件出现以后，人类开始研究用电子变频器来代替。变频器有两种：一种是交—直—交型；另一种是交—交型。交—直—交型先将发电机的变频交流电经整流电路变为直流电，再用逆变器变为 400 赫交流电，故这种电源系统又称为具有直流环节的变速恒频电源系统。交—交型变频器可直接将发电机产生的多相变频交流电切换成 400 赫三相交流电。1972 年第一套 20 千伏安变速恒频交流电源装机使用，主要用在先进的战斗机上。这种电源系统电能质量高，运动部件少，使用维护方便，可以构成无刷起动/发电双功能系统。

变速变频系统是最早在飞机上使用的交流电源系统，主要用于装有涡轮螺旋桨发动机和涡轮轴发动机的飞机或直升机。在变速变频系统中，交流发电机是由发动机通过减速器直接驱动的，因而输出的交流电频率可随发动机转速的变化而变化。

有的军用飞机采用了混合电源系统，即由低压直流电源和变频交流（有时为恒频交流）电源构成主电源。应急电源用蓄电池，二次电源用变流机或静止变流器。某些运输机和直升机加温和防冰等设备用电量很大，它们的工作与电源频率无关，可以使用变频交流电。某些飞机由于用恒频交流电的设备较多，则必须使用由恒频交流电源系统和低压直流电源系统构成的混合电源系统。

搭载了大量电子侦察设备的美国 U-2“蛟龙夫人”侦察机

高压直流电源系统

随着功率电子器件、大规模集成电路和稀土永磁材料技术的发展，20 世纪 70 年代开始研制额定电压为 270 伏的高压直流电源系统。这种电源系统兼有低压直流电源系统和交流电源系统的优点：效率高，重量轻，并联和配电简便，易实现不中断供电，抗干扰能力强，不需要恒速传动装置，因而简单、经济、维护方便。但电路开关器件、电能变换装置、功率转换装置及无刷直流电动机比较复杂。

美国 E-2“鹰眼”预警机搭载的雷达极为耗电

美国 EA-6“徘徊者”电子作战飞机在高空飞行

小知识：

飞机用电设备并不是在整个飞机的飞行过程中都同时工作的。飞机任务不同或同一任务的不同飞行阶段使用的设备也不相同。不同设备对电能种类、质量和功率要求各不相同，而且工作时间也有差异。因此，飞机电源系统的功率是按用电功率最大的飞行任务和飞行阶段设计的。军用飞机为了减轻重量，电源功率仅略大于要求功率。

军用飞机如何防范雷电伤害

云层天气变化无常，军用飞机需要在各种高度执行任务，难免遇到雷电。有关资料显示，在固定航线上飞行的飞机平均每年都会遭受一次雷击。20 世纪 70 年代，美国平均每年有一架战机毁于雷电。由于飞机整机由高强度金属组成，极易导电。而一旦被雷电击中，飞机将遭受严重的损坏，重则击穿破裂轻则受损变形，这对极速飞行的战机是十分危险的。而且飞机上搭载的各类高精度电子仪器设备也会受到影响。所以军用飞机防雷是一大重点。

停放在防雷停机坪内的美军直升机

飞机上的防雷系统可分为两类。一类是飞机在停放时配置使用的，即在飞机机身安装一条避雷带，与地面连接。因为飞机停放在陆地上，其实质类似于地面的建筑物，同样需要安装避雷装置。最好的防雷击方法是把飞机停放在安装了防雷系统的停机坪内。如果必须停放在停机坪外，应安装一条专用的接地线，将飞机的机身与大地连接起来。

另一类是飞机在飞行状态中使用的，该配置包括气象雷达等雷暴预报系统，它能告知飞行员前方的天气变化，让飞行员有充足的时间做好预防准备或远离雷暴云带。加上地面的气象预报，飞行员只要正确操纵，绕过或迅速脱离雷雨区是很容易办到的事情。另外，飞机上还安装有避雷器，当飞机在避无可避的情况下，不得不穿行于雷雨区时，避雷器会把飞机遭遇的雷电流分流到机身外，并引导雷电释放到天空中。从而避免油缸及控制、通信设备遭受破坏，保障机上的乘员以及飞机本身的安全。

美国 F-35“闪电Ⅱ”战斗机经过雷暴云带

飞机的防雷技术在不断进步，不断发展，今天世界各国对飞机防雷性能制定的技术标准越来越严格，尤其是对现代的军用飞机。由于在战争状态中，用于军事斗争的飞机往往没条件像民航飞机那样，从容改变飞行高度、路线，绕道避开雷雨区，所以对军用飞机的防雷技术要求更高。另外，假如能够提高军用飞机的避雷性能，则意味着其抗电子干扰性能也有了相应的提高，其军用技术级别也有了实质上的提升，所以军用飞机的防雷击系统是相当先进的，它们在设计时已作了周密的考虑。

在设计军用飞机时，往往把飞机机身分成若干个雷击性质相近的破坏区域，根据各雷击破坏区域可能被破坏的概率，决定飞机上一些电子仪器适宜安装在哪个位置，以利于远离雷电过压突波可能造成的破坏。美国联邦航空局制定的联邦航空条例规定，飞机必须能够承受灾难级闪电的袭击，在任何可预见的情况下，飞机的设备、系统都能发挥其基本功用，必须保障“飞机遭雷击后，无论其损坏部分是电机设备、电子仪器或机身结构，都不可以影响飞机继续安全飞行”。因此，必须对飞机紧急系统及仪器采取额外的保护措施。条例中提出重点保护的电子仪器有引擎参数仪表、飞翼防冰系统、电源、燃油流动仪表、航空仪器、警告灯电源、通信系统、导航系统、引擎火警警报系统等。

美国联邦航空条例的这一规定已被世界航空制造业普遍认同，例如战斗机必须达到这一标准方可进入英国、德国、意大利、西班牙等国的军队服役。

闪电下的美国 F/A-18“大黄蜂”战斗 / 攻击机

美国 F-16“战隼”战斗机编队在云层上飞行

头盔显示器与头盔瞄准器相比有何优点

飞行员头盔原本是一种简单的防护装备，但在运用了头部跟踪技术和符号显示系统后正日益成为飞行员获取信息的主要方式，从而大幅提高了飞行员的态势感知能力。从头盔瞄准器到头盔显示器，飞行员的作战效率发生了天翻地覆的变化。

头盔瞄准器的诞生

从空战诞生之日开始，飞行员的态势感知就对空战胜负和自身生存至关重要。在最初的日子里，摆在飞行员面前的只有转速表、高度表和罗盘，而现代飞行员在空战中不仅要时刻注意座舱外的动向，还要不时低头查看座舱仪表和显示器。

随着通信技术的发展，座舱仪表和显示器显示的信息也随之增多，越来越多的信息导致飞行员无所适从，无法快速找到自己需要的信息。因此，简化和帮助飞行员接收信息成为战斗机人机界面的一个重要设计目标，必须先使用机载计算机对信息进行简化和分类，再呈现给飞行员。此外，随着一系列大离轴角近距空对空导弹和新型传感器的出现，如何增大这类武器的发射区也成为亟待解决的问题。

美国 F-16“战隼”战斗机飞行员的“蝎子”头盔显示器

20 世纪 70 年代解决这些问题最直接的方法就是把抬头显示器综合到飞行员头盔内，其结果就是诞生了头盔瞄准器（Helmet Mounted Sight）。自 20 世纪 70 年代中期以来，军用直升机和战斗机已普遍装备了头盔瞄准器。战斗机的头盔瞄准器一开始非常简陋，仅能用于控制红外制导空对空导弹的瞄准。导弹引导头能根据飞行员的头部运动快速对准目标，实现大离轴角发射，不再需要飞行员努力机动把机鼻对准目标。南非空军的“幻影 F1”战斗机飞行员率先在实战中使用头盔瞄准器，并取得良好效果。

20 世纪 70 年代，美国霍尼韦尔公司也实机测试了视觉目标获取系统（VTAS），但未被美国空军采用。到了 20 世纪 80 年代，苏联米格 -29“支点”战斗机和苏 -27“侧卫”战斗机引领了头盔瞄准器技术的一场革命。这两种战斗机整合了头盔瞄准器和红外搜索跟踪系统，使 R-73 红外制导空对空导弹具备了强大的近距作战能力。这是头盔瞄准器发展史上的一个分水岭，迫使北约国家开始正视差距，认真对待头盔瞄准器的发展问题。

头盔显示器的优势

头盔瞄准器有许多优点，但它的亮度控制不佳，且无法显示前视红外及微光电视的影像。飞行员在夜间执行任务时仍要靠视场有限的抬头显示器看清外界，在这些因素影响下，头盔瞄准器开始进化为头盔显示器（Helmet Mounted Display）。

20 世纪 90 年代初，以色列埃尔比特公司研制出与“怪蛇Ⅳ”空对空导弹配套的“显示和瞄准头盔”（DASH）。美国在这种头盔的基础上于 20 世纪 90 年代后期研制出“联合头盔提示系统”（JHMCS），将其与新一代近距空对空导弹 AIM-9X 配套，被统称为大离轴角系统（HOBS）。JHMCS 和 AIM-9X 组合首先装备了 F-15C 战斗机。

JHMCS 头盔的佩戴效果

DASH 和 JHMCS 两种头盔增加了符号显示功能，除了用于控制导弹引导头和瞄准吊舱传感器外，JHMCS 在后来又增添了把关键飞行数据投射在遮光镜上的功能，成为真正的头盔显示器。因此，从理论上来说，可以把关键飞行数据和目标数据都从抬头显示器上移除，统统投射在头盔显示器的遮光镜上，让飞行员在空战中能更好地使用空对空武器攻击敌机，不再需要操作飞机把机鼻对准目标，然后通过抬头显示器瞄准。

经过多年发展后，头盔显示器不仅能够为飞行员提供“先敌发射、先敌攻击”的大离轴攻击能力，还使他们在进行大过载机动时也能控制机载武器和传感器的瞄准。头盔显示器的遮光镜不仅能显示瞄准符号和飞行参数，还能显示视频和前视红外图像。

米格 -29“支点”战斗机飞行员的头盔瞄准器

新一代头盔显示器强调在任务各阶段都能帮助飞行员提高战斗力，设计目标是使飞行员、飞机、机载系统间进行更有效率的沟通，让飞行员获得并维持态势感知能力，进而提升任务效益。在引进人工智能和光纤传输技术后，预计未来头盔显示器会有革命性的发展，头盔显示器和各种传感器之间的综合程度会更好，并有更高的资料更新率以及智能型的信息显示。同样目前飞行员在转动头部时出现的图像迟滞现象，未来应该都会完全克服。

佩戴 DASH 头盔的飞行员

战斗机飞行员如何感知导弹来袭

战斗机飞行员如何感知导弹来袭，要根据来袭导弹的类型而定。如果是被雷达制导的导弹盯上，就要靠雷达告警接收机解围。因为此类导弹需要借助地面、机载或导弹自身的雷达照射目标，因此只要探测到特定的雷达波，就可以感知到威胁方向。雷达在扫描搜索、锁定目标、引导导弹飞行时，辐射特性是不同的，这些信号特征通过电子侦察可以提前获取，存储在雷达告警接收机的数据库中。因此接收机通过对信号特征进行比对，能够判断出敌人的导弹是已发射还是准备发射，发射后处于中段还是末段。虽无法告诉飞行员导弹还有几秒击中自己，但能告诉飞行员导弹距自己的战机是远还是近。

如果被红外制导的导弹瞄准，就只能寄希望于导弹逼近告警系统了。因为红外制导是一种被动制导，自身不向外发射信号，雷达告警接收机也就无用武之地了。导弹逼近告警系统一般靠捕捉导弹发动机发出的紫外光来判定威胁方向。它常与机载自卫防御系统协作，可在危急关头自动释放干扰弹。这种情况下，一般只能判断导弹来袭方向，很难判断距离，也就很难告诉飞行员还有几秒会被击中。

那么在现实中，飞行员在导弹来袭之际能看到什么呢？以俄罗斯苏 -27 战斗机配备的 SPO-15 系统为例，其面板中央是一个飞机符号，环绕数圈指示灯，最外圈的数字代表方位角。探测到雷达信号时，第二圈的绿灯会亮起，系统会自动判定雷达的威胁程度。如果是主要威胁，外圈的黄灯也会亮起，内圈的黄色灯光条会显示其相对辐射功率大小。飞机中心的两个指示灯表示该辐射源与本机的相对高度。下方水平排列的指示灯表示雷达的类型，左起依次为战斗机、远程防空系统、中程防空系统、近程防空系统、早期预警雷达和预警机。如果探测到被导弹锁定或导弹已发射，中央的红色指示灯会闪烁，飞行员将听到“嘟嘟嘟嘟”的急促提示音。

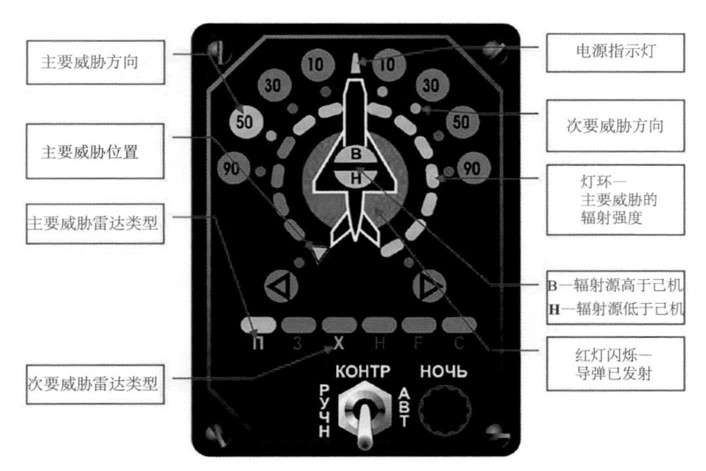

苏 -27 战斗机安装的 SPO-15 雷达告警接收机显示面板

而美国 F-15C 战斗机安装的 AN/ALR-56C 系统，有一个圆形的荧光屏，屏幕中央的十字线代表本机位置。不同的雷达和战机由固定的字母或数字代号表示，根据探测到的方位角和信号强度显示在屏幕上。新出现的雷达会显示一个半圆，主要威胁则会用菱形框标记。当被雷达锁定时，系统会发出“嘟——”的连续蜂鸣音；如果是主动雷达制导的导弹，还会在屏幕上以“M”字样显示。

显然，俄罗斯和美国战斗机配备的告警系统，都只能完成“告警”这一本职工作，并没有影视作品中展现的那样神奇。此外，除少部分采用多普勒雷达技术的系统外，以被动方式工作的告警系统都无法测出来袭导弹的距离，只能依据雷达或紫外/红外线的辐射强度，估算其大致距离。即便新一代战斗机的综合电子战系统，也是如此。因此，准确判断规避时机，依然离不开战斗机飞行员的经验和运气。

F-15C 战斗机的驾驶舱

瑞典 JAS 39“鹰狮”战斗机飞行员正在登机

军用飞机的弹射座椅能不能完全保证飞行员的安全

自飞机诞生以来，工程师们就在思考飞行安全的问题。一战时，各国就开始为飞行员配备降落伞。随着飞机速度增大，飞行员爬出座舱跳伞日益困难。二战时，战斗机的时速已提高到600千米以上，飞行员跳伞要冒着被强风吹倒或被剐撞到飞机尾翼上的危险。德国首先开始研究可使飞行员弹出机舱的座椅。

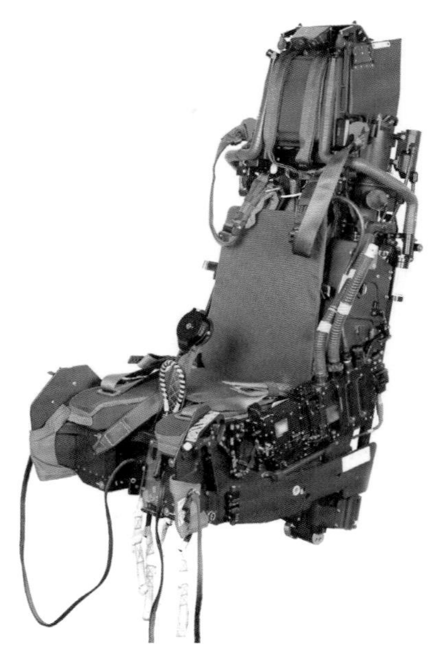

欧洲“台风”战斗机的马丁•贝克 Mk 16 弹射座椅

1938年，德国曾试验过橡筋动力的弹射座椅，但未达到实用要求。后来又研制了以压缩空气为动力的弹射座椅，最早配置在He 219夜间战斗机上，利用推进器抛开舱盖，将人和座椅整体弹出，待人椅分离后打开伞具。这种弹射座椅的性能还不够理想，因此德国转而研制以火药为动力的弹射座椅，将改装后的高射炮药装置在飞机座椅上，利用弹药爆炸的力量将飞行员和座椅一起弹出机舱。1940年，德国进行了地面试验，成功地把试验人员从地面的飞机里弹射到空中。后来又经过飞行弹射试验，达到了实用要求，并于二战结束前装备了空军。

战后，以火药为动力的弹射座椅得到不断改进，到20世纪50年代已在喷气式飞机普遍使用。为解决低空救生问题，美、英等国在20世纪50年代又相继研制出火箭助推的组合动力弹射座椅。20世纪60年代，为使高空高速飞行中的飞行员跳伞时免受高速、低温、缺氧等因素的伤害，美、苏两国在弹射座椅的基础上，又首先研制成功密闭和半密闭式的弹射救生系统。20世纪70年代初，美国试验了可飞弹射救生系统，座椅离机后变为可控飞行器，飞行一定距离后，人椅分离，开伞降落。

时至今日，弹射座椅已经发展到第四代。新一代弹射座椅主要解决了两个问题：一是利用可控推力技术和可控飞行技术，实现战斗机复杂状态的安全弹射，这是大气层内全状态弹射座椅的最后一个里程碑；二是扩大弹射的速度包线，提供超音速飞行的弹射保障。由于三维推力矢量可控和飞行可控技术，自适应救生能力和生命威胁逻辑控制等关键点还没有完全解决，所以第四代弹射座椅还在研发中。

正在测试的马丁·贝克弹射座椅

作为重要逃生装置的弹射座椅，在飞机的整个寿命周期中可能从不启用，或者仅出场数秒，虽然只使用一次，但对于飞行员而言，弹射座椅却是不可或缺的生命守护神。但是，虽然现代弹射座椅已经非常先进，但也无法 100% 地保证飞行员的生命安全。

事实上，每当事故发生时，跳伞还是挽救飞机都需要飞行员当机立断，生死抉择往往不到 1 秒钟。双座飞机的弹射更为复杂，为防止空中相撞，一般先弹出后座飞行员，这样留给前座飞行员的时间更为短暂。异常飞行时，飞机巨大的过载也会影响弹射操作，飞行员甚至会产生黑视、丧失意识。在这种情况下，即使逃生率最高的弹射座椅也很难保证安全。

在实际应用中，飞行速度越快，弹射成功率越低。在密集编队飞行中，弹射的姿态、角度甚至风速都关乎逃生成败。二战中，就不乏离机成功后撞上尾翼的飞行员。高空高速弹射后，飞行员遭遇的气流侵袭不亚于“迎面撞车”，即便跳伞成功后，还要面临在陌生地域实施空降的问题。所以说，弹射座椅并非万无一失。

小知识：

当飞行员在飞行中受到比较大的正加速度作用时，眼睛会感到发黑，看东西模模糊糊，甚至什么也看不见，这就是黑视。黑视也是晕厥的先兆，对飞行安全危害较大。

美国 F-35“闪电Ⅱ”战斗机配套的弹射座椅正在测试

电传操纵系统与机械操纵系统相比有何优势

作为一种先进的电子飞行控制系统，工业界普遍将电传操纵系统定义为一种利用反馈控制原理，将飞行器的运动作为受控参数的电子飞行控制系统。

电传操纵系统的组成

典型的电传操纵系统由传感器组（各种陀螺、加速度计等惯性测量器件和迎角传感器等大气测量器件）、输入设备、飞行控制计算机、舵机和电气传输线路组成。电传操纵系统一般按照部件的电器特性分类。采用模拟传感器、模拟式计算机和输入、输出设备的系统被称之为模拟式电传操纵系统；采用数字式传感器、数字计算机和输入、输出设备的系统被称之为全数字式电传操纵系统。实际上现在大都是使用模拟式传感器、数字式计算机的半数字式电传操纵系统。

由于电传操纵系统没有机械通道，结构简单，体积小，重量轻，不存在机械传动装置的摩擦、间隙、滞后等非线性不良影响，能显著提高飞机的操作性能。但由于没有机械通道，对飞行控制系统可靠性要求较高。

采用机械操纵系统的美国二战名机 P-51“野马”战斗机

目前，提高电传操纵系统可靠性的主要措施是采用余度备份系统。主要的传感器和飞行控制计算机都要留有几组完全相同且同时工作的系统，通过专门的余度管理计算机进行最后的输出。一般现代电传操纵系统都是四余度系统，也有少数三余度系统。以四余度系统为例，系统由四套完全相同的单通道电传操纵系统组合而成，以保证其可靠性不低于机械操纵系统。

采用三余度数字电传操纵系统的美国 F-22“猛禽”战斗机

电传操纵系统的优点

电传操纵系统的可靠性比传统的机械操纵系统好得多，系统的能力获得了质的飞跃。具体来说，电传操纵系统主要有下述几个优点。

（1）放宽静稳定度。现代战斗机的速度范围很广，尤其是飞机从亚音速到超音速飞行时飞机的焦点会急剧向后移动。为了确保低速起飞与着陆有足够的纵向静稳定度，就必然使高速飞行时的纵向静稳定度增大，其结果是使飞机的机动能力大为降低，同时，使飞机的配平阻力增加，持续盘旋过载能力降低。电传操纵系统的发展，可使飞机在低速飞行时获得一定的纵向静不稳定度，并使高速状态的静稳定度保持在比较小的量值，从而可以显著改善飞机的机动性，减小配平阻力以及飞机的敏捷性。

（2）改善飞机飞行品质。第二代飞机的主要操纵系统是由拉杆与摇臂等机械部件构成，所以飞机的飞行品质主要取决于飞机的气动布局。以往的设计主要是根据飞机的战术性能来确定气动外形，只能根据已选定的气动外形与总体布局去确定飞机的飞行性能，所以过去的飞机很少能全面满足规范要求。虽然增稳系统、控制增稳系统兼顾了飞机的稳定性和操纵性，但系统的舵面权限比较小，因此它的作用是很有限的。电传操纵系统是全权限，飞行员的指令与反馈通道信号综合形成主通道控制指令，综合设计反馈通道与主通道可以很好地协调飞机操纵性与稳定性，此外，反馈通道与主通道的增益可以随迎角、马赫数和动压而调参，这就能在全包线范围内，不管什么高度和速度，基本上满足一级品质要求，这是以往的飞机所不能达到的。

采用数字电传操纵系统的俄罗斯苏 -57 战斗机

（3）迎角限制器。对于非电传飞机而言，当其低速飞行时，飞行员必须谨慎地操纵飞机，使之不超过危险的迎角，这往往使飞机的机动性能得不到最大限度的发挥。但对于电传飞机而言，可以根据飞机的大迎角气动力特性确定出最大使用迎角，然后设计迎角限制器，使飞行员在接近最大迎角区域飞行，即使进行最大组合操纵也不会超出最大使用迎角。这样，飞行员就可以毫无顾虑地操纵飞机，从而可以最大限度地发挥飞机的机动能力。

此外，电传操纵系统还具有自动配平、自动协调滚转角度、边界控制、提高战伤生存力等优点，电传操纵系统由于没有机械系统，重量轻、体积小，不会像机械操纵系统一样因为摩擦而导致操纵延迟，可减少维修量，而且还可以通过阵风减载、机动载荷控制、机翼和机身结构振型的阻尼及颤振抑制等主动控制技术提高飞机的性能。

采用模拟式电传操纵系统的俄罗斯苏 -27“侧卫”战斗机

美国研发的 ALIAS 系统有何重要意义

2022 年 2 月 8 日，美国西科斯基公司宣布，一架 UH-60“黑鹰”直升机于 2 月 5 日首次实现完全无人驾驶飞行，这是美国国防部高级研究计划局（DARPA）主导的“机组人员驾驶舱内自动化系统”（ALIAS）项目的一部分。ALIAS 项目已启动 6 年，此前已进行过多次类似的测试，但直升机总有一名飞行员以防万一，即使直升机完全自主飞行也是如此。而此次的单飞则意味着 ALIAS 项目距离成功已经不远了。

在2月5日进行的测试中，搭载ALIAS系统的UH-60“黑鹰”直升机在肯塔基州坎贝尔堡上空无人飞行了30分钟。2月7日，再次进行了一次较短的飞行。飞行中，UH-60“黑鹰”直升机使用了模拟光探测和测距系统，模拟生成了纽约城市上空场景，并自动对模拟的摩天大楼作出反应，穿越“曼哈顿”，然后飞机自行降落。

ALIAS系统实现真正的单飞在航空领域意义重大。军用方面，这种全自动驾驶系统使起飞、巡航和降落等一系列操作均可实现完全自动化，降低了飞行员的飞行负担，使其更加专注于作战，避免因低级失误造成机毁人亡，有助于提升空中力量作战水平，并为在研的“分布式空中作战”奠定了技术基础。

民用方面，ALIAS系统极短的装机周期、极强的机型适应能力也大幅缩短了飞行员培训周期，使新手飞行员能执行复杂任务，并可极大地增强城市空中运输能力。另外，ALIAS系统还可在近海油气保障、紧急医疗服务以及搜索救援等各种任务领域发挥重要作用。

搭载ALIAS系统的UH-60“黑鹰”直升机进行完全无人驾驶飞行

军用飞机是否会像民航飞机一样安装“黑匣子”

民航飞机发生空难事故后，飞机往往解体，甚至被烈火烧毁。人们到现场救援的时候，总是会寻找一种东西，那就是被誉为“空难见证人”的“黑匣子”。它可以给调查人员提供证据，帮助他们了解发生事故的真正原因。那么，军用飞机有没有安装“黑匣子”呢？

黑匣子是飞机专用的电子记录设备之一，里面装有飞行数据记录器（Flight Data Recorder）和驾驶舱话音记录器（Cockpit Voice Recorder），飞机各机械部位和电子仪器仪表都装有传感器与之相连。飞机通电后，黑匣子可自动启动，记录飞机相关系统运行和状态信息、飞行人员操作信息以及机上相关音视频信息，不受人员控制。黑匣子能把飞机停止工作或失事坠毁前半小时的有关技术参数和驾驶舱内的声音记录下来，并在需要时把所记录的参数完整地呈现，供飞行实验、事故分析之用。

事实上，最早利用黑匣子的就是军用飞机。1908 年，美国发生了第一起军用飞机事故。以后，随着飞行事故的增加，迫切需要有一种研究事故发生原因的仪器。二战时，飞行记录仪正式在军用飞机上使用。而现代广泛使用的黑匣子直到 1953 年才出现，澳大利亚工程师大卫•沃伦在这一年研制出了黑匣子的雏形。1954 年，他发表了相关报告。不过，这种新兴设备却不受澳大利亚航空公司的欢迎，澳大利亚空军认为它“无助于解释事故的原因”。1958 年，一位英国空军的官员找到了沃伦。随后，黑匣子受到了英国空军的重视，英国人开始资助他生产黑匣子。

澳大利亚工程师大卫·沃伦和他发明的黑匣子

1960 年 6 月 10 日，泛澳航空 538 号航班（机型为福克 F27）抵达昆士兰州麦凯时坠毁，29 人死亡。调查人员进行了几个月的调查研究后依旧无法确定事故的真正原因。因此，他们给出了“在福克 F27 及更大尺寸的载客飞机上配备飞行数据记录器”的建议。之后，澳大利亚强制要求军用和民用飞机安装黑匣子。1972 年，美国空军也作出军用飞机上安装黑匣子的规定。此后，黑匣子在全球航空业得到了普遍运用，成为所有商用飞机和多数军用飞机的标准配置。如今，黑匣子的记录介质也从磁带式改进成为能承受更大冲击的静态存储记录仪，类似于计算机里的存储芯片，以防止黑匣子在空难中遭到损坏。

福克 F27 民航客机

黑匣子的外壳是采用很厚的钢板和许多层绝热、防冲击、抗压保护材料制成的，通常安装在飞机尾部最安全的部位，使飞机坠毁时对其的破坏降到最低。作为一种事关飞行安全的重要航空电子设备，黑匣子具有抗强冲击、抗穿透、抗高温火烧、抗深海压力、耐海水浸泡、耐腐蚀性液体浸泡等特种防护能力，能在各种飞机事故中保存其内部存储的信息。为了便于人们更容易寻找到掉落的记录仪，它们的外壳都被刷成了鲜亮的橘红色，外部还裹有反射条带。就算它在大海里漂浮，搜寻飞机也能远远地发现它。

黑匣子的常见形状

舰载电子战飞机装有哪些重要设备和武器

舰载电子战飞机一般是由舰载攻击机或战斗机的机体加装电子侦察和干扰设备及反辐射导弹构成的。舰载电子战飞机是航空母舰的标配，它的重要性体现在三个方面：一是可作为航空母舰攻势作战的助推器，提供强大的伴随式电子干扰掩护；二是携带反辐射攻击设备，使敌方不能任性使用电磁设备；三是作为空中电子侦察平台，通过强大的电子侦察能力实施被动侦察。根据需要，舰载电子战飞机还可安装一种、两种或多种不同功能的电子干扰设备。按功能不同区分，舰载电子战飞机的电子战设备和武器可分为下述三类。

第一，电子侦察设备。这类装备主要有全波段通信侦察和引导设备、全波段雷达侦察和引导设备、数据传输系统等。这些设备可通过对敌方电磁信号的侦收、识别、定位、分析和录取获取有关情报，并将所获的信息实时地传送给己方指挥中心和作战部队。

美国“企业”号航空母舰搭载的 EA-6B“徘徊者”电子战飞机

第二，电子干扰设备。这类设备主要有宽频谱、大功率有源干扰设备，一般采用外挂吊舱方式，主要对敌方舰艇和地面探测设备、指挥通信系统等实施电子干扰，支援或伴随掩护己方作战飞机突防。此外，还装有箔条、红外诱饵弹等无源干扰物投放装置，主要用于自卫。

第三，反雷达装备。这类设备主要有引导接收系统、反辐射导弹等，用于攻击敌方的雷达装备。反辐射导弹也被称为反雷达导弹，是指利用敌方雷达的电磁辐射进行导引，从而摧毁敌方雷达及其载体的导弹。在电子对抗中，反辐射导弹是对雷达硬杀伤最有效的武器。

美国海军 EA-18G“咆哮者”电子战飞机编队飞行

反潜巡逻机的“尾巴”越长越好吗

反潜巡逻机后部通常装有一根“尾巴”，其实它里面装的是磁异探测仪。“尾巴”的长短，首先取决于飞机起飞时的仰角，“尾巴”太长，会影响飞机的起飞和降落。其次是能否探测到潜艇，这与磁异探测仪的灵敏度有关。例如，美国海军 P-3C“猎户座”反潜巡逻机的磁异探测仪比较先进，所以“尾巴”较短。而早年相对落后的 S-2“追踪者”舰载反潜机为了不影响起降采用了伸缩式的“尾巴”，在弹射起飞和拦阻着舰时可以缩回到机身内。

雷达、声呐、磁异探测仪被称为航空搜潜的“三大神器”。雷达的作用是探测水面航行或潜望镜状态的潜艇，它的探测距离在“三大神器”中是最远的，可达几百千米，探测范围也最广，但不能探测水下航行的潜艇。吊放声呐和声呐浮标的探测距离次之，通常在可能有潜艇活动的海域，使用吊放声呐或布放浮标阵进行探测，整个搜索过程耗时相对较长，时效性不强，声呐浮标也不可重复使用。磁异探测仪的优势是不受水文气象条件限制、可连续搜索且搜潜可靠性高、使用简单可靠、反应迅速、定位精度高、使用费用低，但一艘潜艇所带来的磁异常信号极其微弱，不易捕捉，因而探测距离非常有限，只有几百米，只适合在发射武器攻潜之前对潜艇进行精确定位。美国海军装备的 P-8A“波塞冬”反潜巡逻机没有安装磁异探测仪，只是根据用户的要求，在出口型上安装了磁异探测仪。可见，这三种装备各有所长，在反潜时相互配合使用，才能有效探测潜艇。

尾部装有磁异探测仪的 P-3C“猎户座”反潜巡逻机

美国和俄罗斯的直升机飞行员救生系统有何区别

直升机作为“树梢杀手”，能够有效打击敌方坦克装甲、固定目标和有生力量。但是直升机速度慢、飞行高度低、防护能力薄弱，很容易被轻武器或便携式防空导弹击落。由于直升机的旋翼在驾驶舱上方，加上早期弹射座椅无法实现低空开伞，直升机飞行员很难像固定翼飞机的飞行员那样弹射逃生，因此直升机一旦被击中或遇到无法逆转的机械故障时，飞行员生存率不及固定翼飞行员的 1/10。

美国 AH-64“阿帕奇”直升机在湖泊上空飞行

为了提高直升机飞行员的生存率，各军事强国投入了大量科研力量和资金，研究直升机抗坠毁能力和飞行员逃生装备。目前，以美国为首的北约国家以增强直升机的抗坠毁能力来提高飞行员的生存概率，而俄罗斯则另辟蹊径，大力发展直升机弹射逃生装备，并取得了实质性的成果。

美国在 20 世纪 50 年代就开始研究直升机抗坠毁能力的问题。20 世纪 70 年代，美国公布了《轻型固定翼及旋翼飞机救生标准》和《抗坠毁不弹射成员座椅系统军用规范》，要求美国设计的武装直升机在以 12.8 米 / 秒的速度垂直坠落时，保证飞行员有 95% 的存活概率。这个抗坠毁指标目前只有美国能实现。法国的“海豚”直升机以 7.9 米 / 秒的速度垂直坠落时，飞行员的生存概率仅有 64%。

美国武装直升机的抗坠毁性能之所以能够走在世界前列，与直升机抗坠毁系统设计有关。当直升机坠毁时，起落架最先受到地面冲击，其次是飞机底部机壁，冲击力量最后到达飞行员座椅，并波及飞行员。目前，各国武装直升机普遍采用的“跪式起落架”，比直筒式起落架的减震效果更好，能吸收 60% 的冲击能量。

美军为 UH-60“黑鹰”直升机装备的人员座椅既能防弹又能缓冲冲击力。这套防弹抗坠毁座椅由装甲椅盆、能量吸收器、坐垫、约束系统组成。装甲椅盆安装在飞行员坐垫底部，可有效防御 12.7 毫米子弹的射击。能量吸收器可以吸收大部分冲击力，而约束系统则可保证飞行员在受到冲击时保持正确的体位坐姿。

低空飞行的美国 UH-60“黑鹰”直升机

俄罗斯在直升机飞行员救生系统的设计上采取了更为积极主动的弹射救生系统。其研制的 K-37 弹射座椅是世界上唯一一种直升机弹射救生系统。K-37 弹射救生系统已经装备卡 -50“黑鲨”和卡 -52“短吻鳄”直升机。这套系统由弹射火箭、座椅、降落伞组成。当飞行员拉动弹射手柄时，这套救生系统首先会用爆炸螺栓将上面的两副 6 片桨叶炸开脱落，而另一爆炸螺杆将座舱盖炸飞，然后座椅底部的弹射火箭将座椅和飞行员弹射出机舱约 40 米的高度，降落伞自动打开，飞行员将以低于 7 米 / 秒的速度降落在地面，座椅底部还装有救生筏、医疗袋等救生物件。

俄罗斯卡 -50“黑鲨”直升机悬停在空中

卡 -50 和卡 -52 直升机良好的战场生存能力大大增强了飞行员的信心，有利于充分发挥飞行员的战斗力。但是，因为直升机弹射救生系统的技术难度非常大，所以这项技术一直没有普及。

俄罗斯卡 -52“短吻鳄”直升机发射干扰弹

军用无人机如何实现远距离遥控

军用无人机的遥控方式与无人机的大小和用途息息相关。一般来说，微型、超轻型无人机，属于小型战术无人机，它们工作范围小、飞行半径小，因此一般采用目视控制、简易近距离遥控等办法，控制距离从几百米到几十千米不等。近距离遥控虽然有几十千米的半径，达到超视距水平，但遥控方式和设备比较简单，主要通过便携式箱式地面站，或者手控式遥控终端控制。前者类似于军用移动计算机，后者则类似于游戏控制器，它们的共同特点是采用无线电遥控，控制方法较为简单，上手培训也比较容易。

轻型、小型无人机是目前各国军队装备数量最多的战术无人机类型，它们的体积更大，控制距离一般在 200 千米左右，多用于军、师、旅级侦察作战，控制战场范围比较广。它们具有自主飞行和导航功能，遥控距离较远，因此在技术上也更高端、更复杂，需要配装无人机地面控制站这种专用设备。无人机地面控制站，就是完成无人机的遥控驾驶和任务规划，对无人机进行指挥的系统装置，在实战环境条件下，该装置通常会安置在一个方便移动的方舱内，由车辆运载行进。

美国 MQ-1“捕食者”无人机在高空飞行

美国 MQ-9“收割者”无人机在高空飞行

无人机地面控制站可以对无人机进行大体规划和指挥，这类控制站一般设有大型平面显示器，显示无人机工作地域的数字电子地图，操作人员可以用触摸液晶屏的办法进行航路规划和修正，可以用手指轻点设置几个航路点，无人机就会根据航路点设置，从 A 点到 B 点，然后从 B 点再到 C 点。除显示高精度数字地图外，其他显示屏可以显示探测器回传的战场实时视频。还可以增加一个或多个中型显示器用于显示无人机的各项参数，比如其中一个以数字形式显示无人机详细数据并可以进行各种功能操作，另外一个显示的是无人机导航和姿态数据，显示形式与有人驾驶飞机基本相同，便于飞行员适应无人机操纵。此外，控制站还可以显示无人机发动机工作情况、油量和 GPS 导航参数。

美国 X-47B“咸狗”无人机在高空飞行

至于更大体积的大型无人机，通常采用远距离卫星中继控制，即通过空中的军用卫星控制信号的中继。具体做法是在无人机头部设计一个空间，并在其中放置大功率卫星天线用于收发信号，至于控制中心，则在上千千米外的后方指挥部，通过中继数据链对前方飞机进行监测和干预。有了这个卫星天线，大型无人机的遥控距离被大大延长，一般可以达到上千千米以上。

印度“尼尚特”无人机在高空飞行

搭载有源相控阵雷达的无人机能否胜过常规战机

2021 年 9 月，美国雷神公司在其官网上宣布，该公司研发成功一款紧凑型机载有源相控阵雷达，该雷达重量轻，成本低，可以安装到包括无人机和直升机等大多数飞行器上，其性能则达到了第四代机载雷达以上的水平。

美国“复仇者”无人战斗机及其搭载的武器

传统无人机因为飞行速度、高度以及载重等种种原因，大多只执行侦察、运输等任务，并不直接参与作战。有的无人机即便参与作战，也是作为战机的僚机，由战机乘员操纵配合作战，并不能算严格意义上的空战无人机。如今，无人机技术有了长足的发展，在飞行速度、高度、载重以及控制方面都有了很大的突破，因此美军开始有了研制空战无人机的想法。不过，空战无人机还有两个瓶颈：一是雷达小型化的问题，二是自动空战程序的设计。

如果雷神公司研制的小型机载有源相控阵雷达能够实用化，无疑会让空战无人机的实现迈出坚实的一步。相控阵雷达的性能优于传统雷达，能够实现 360 度远距离高精度探测。装备这种雷达，就可以弥补无人机无法自主捕捉目标的缺陷，从而让空战无人机有了威胁常规战机的基础。再加上空战无人机没有飞行员，它的外形设计可以完全偏向实战，自身的雷达截面积可以远小于常规战机，所以在这个方面将力压常规战机。

当然，装备有源相控阵雷达的空战无人机能否全面力压常规战机，还要看自动空战程序。美国空军也已展开自动空战程序的研究工作。如果自动空战程序智能化程度较高，能够全面预想和处置各类空战情况，那么空战无人机将能够力压常规战机；但如果自动空战程序智能化程度较低，则很有可能难以超越常规战机。常规战机可以利用空战无人机程序上的漏洞扭转不利的局面。

英国研制的“雷神”无人战斗机

匈牙利空军装备的 JAS 39“鹰狮”战斗机

Part 04

武 器 篇

机载武器系统是固定翼战机、直升机的武器和弹药、装挂和发射装置、火力控制系统构成的综合系统。武器和弹药可用于直接杀伤和破坏空中、地（水）面目标。装挂和发射装置可用于将武器和弹药装挂在战机上，并确保其正常工作和投射。火力控制系统可用于搜索、识别、跟踪和瞄准目标，控制弹药的投射方向、时机和密度，使其命中目标。

拥有超视距攻击武器的战斗机安装机炮有何作用

机炮是装在飞机上的口径等于或大于20毫米的自动射击武器，具有射速高、操作简单、结构紧凑等特点。自20世纪20年代战斗机问世后，机炮就一直是战斗机不可或缺的武器，二战时期由于机炮是战斗机唯一具备作战效益的武器，其地位更是重要无比。

20世纪50年代中期导弹问世后，机炮被认为失去了作用，因此，当时大多数新型战斗机都只配备了导弹，最著名的就是美国F-4“鬼怪”战斗机。F-4战斗机初期虽然可以挂载8枚空对空导弹，但当时导弹的杀伤概率奇差无比，AIM-9“响尾蛇”导弹的杀伤概率为16%，而AIM-7“麻雀”导弹只有10.6%。也就是说，F-4战斗机的8枚导弹全数发射完毕后，目标很有可能毫发无损。而越战后期完成空战性能提升的F-4E战斗机，其所配备的固定式机炮杀伤概率则高达50%。

美国F-4E“鬼怪”战斗机编队

吸取越战的教训后，美军飞行员认定战斗机一定要有机炮。在之后的很长一段时间内，绝大部分人都认为只要导弹还存在最小射程死角，机炮就不会过时。因此，在20世纪70年代的战斗机上，机炮的地位稳如泰山。80年代开始研制的F-22“猛禽”战斗机以及90年代开始研制的F-35“闪电Ⅱ”战斗机，也都保留了机炮。

美国 F-22“猛禽”战斗机（左）和 P-47“雷电”战斗机（右）

装有内置机炮的 F-35“闪电Ⅱ”战斗机

不过，由于机炮的效能多年来没什么长进，但空对空导弹的性能则今非昔比，因此机炮在空战中的表现日趋低调。1973 年的阿以战争，以色列战斗机击落的敌机中有 70% 是机炮的功劳；到了 1982 年在以色列与叙利亚发生的贝卡谷地战役中，导弹则击落了 93% 的敌机；而同年在英国与阿根廷的马岛战役中，机炮未立寸功；1991 年年初在海湾战争中，机炮也没有任何表现。

机炮虽然较导弹便宜，但机炮的间接使用成本较高，也影响了部分国家的使用意愿。英国接收的第一批“台风”战斗机，机炮只是个备用武器，没有任何相关的后勤支持或训练，主要原因就是出于成本考虑：机炮在实弹射击训练时除了消耗靶机外还需要拖靶机的支持；测试空域会产生环境污染的问题；机炮击发时机体会承受复杂的应力，后坐力会损及结构及电子装备；机炮射击产生的热量、重击、震动，对隐身涂层及密封会造成潜在性损伤；废气具有腐蚀性；炮弹也不轻，需要特殊装备搬运。这些都增加了飞机的操作成本。

俄罗斯苏 -57 战斗机保留了机炮

当然，机炮也并不是一无是处，直升机、运输机以及其他低速飞机都比较适合装备机炮。在 1991 年的海湾战争中，由于沙漠地面酷热，红外空对空导弹对低飞的伊拉克飞机几乎一筹莫展，若碰上超低空飞行且装备红外抑制装备的伊拉克直升机，不论是红外制导或雷达制导空对空导弹都无计可施。另外，机炮还有一个根本性的优点，就是炮弹不受电子干扰。现在的红外制导导弹虽可抗电子干扰，但新一代战斗机将会广泛采用高能量的反制技术，届时红外制导导弹将面临巨大的挑战。

隐身战斗机的内置弹仓有何设计难点

内置弹仓是第五代战斗机的常规设置，而第三代战斗机和第四代战斗机一般没有内置弹仓，虽然部分战斗机设计了导弹凹槽，但是这种凹槽主要是为了固定导弹，而不是为了隐蔽导弹。

俄罗斯苏-57战斗机的机腹视角

第五代战斗机之所以设计内置弹仓，主要是因为它需要兼顾隐身性能，内置弹仓可把导弹收入机腹内部，这样整架飞机的隐身效果就不会受到导弹的影响。虽然现在很多导弹也考虑到隐身化，但是当它们挂在外部挂架上的时候，难免会影响飞机的隐身效果。所以当需要确保隐身性时，导弹就应该挂在内置弹仓中。

内置弹仓的设计难点

隐身战斗机内置弹仓的设计并不容易。即便是俄罗斯这样设计实力数一数二的航空强国，都没有完全解决隐身战斗机内置弹仓的设计问题。俄罗斯第五代战斗机苏-57就因为内置弹仓问题广受外界诟病，自2010年1月首次试飞以来，该机一直没有在公共场合展示过它的内置弹仓，也没有任何有关内置弹仓的照片流出。这种反常现象让媒体猜测苏-57战斗机根本就没有内置弹仓，也从侧面证明了俄罗斯隐身战斗机的内置弹仓设计存在诸多问题。

那么，内置弹仓的设计到底存在什么困难呢？首先是导弹的伸出问题。一般而言，隐身战斗机的内置弹仓位于机身中部。从空气流动和压强的关系可知，这个位置位于机身的低压区，也就是导弹在伸出的瞬间会产生一种向上的力。这种力可促使导弹向上飞行，从而将其推回弹仓误击载机。目前，内置导弹的伸出方式主要有发射架转动伸出和弹射伸出两种。美国F-22“猛禽”战斗机就采用了发射架转动伸出方式，其可靠性较高，但机械结构比较复杂，机构转动也需要一定的时间。

内置弹仓的另一个设计难点就是导弹脱离弹仓后的瞬间姿态控制问题。导弹在脱离弹仓后与战斗机保持相同的速度，此时导弹的发动机虽然还没有点火工作，但依然有较大的升力。在被弹出后，如果导弹保持抬头姿态，就会有较大的迎角，从而产生较大的升力。该升力的存在同样会使导弹上升误击载机。如果导弹保持低头姿态，则导弹会因升力不足而加速下降，从而影响导弹对目标的锁定以及发射的射程。

美国 F-22“猛禽”战斗机内置弹仓关闭状态

美国 F-22“猛禽”战斗机内置弹仓开启状态

内置弹仓的不足之处

值得一提的是，内置弹仓也有它的不足之处，因为战斗机的内置空间是非常宝贵的，按照正常的思路，这些空间大部分应该优先用于配置引擎、内置油箱等硬件设备，以尽可能提升战斗机的飞行性能。所以战斗机能够预留的内置弹仓空间相当有限，致使内置弹仓可以容纳的导弹类型也非常有限。一些体积较大的远程空对空导弹或者巡航导弹很难装进内置弹仓，像副油箱这样的一次性用品也只能装置在外部挂架上。

因此，导弹内置和外置是需要视情况而定的，如果不需要考虑隐身性能，则可以充分利用外部挂架，让战斗机的性能得到最大化发挥，而如果需要规避地面雷达和巡逻机侦测，进行隐蔽性的突防行动，则需要采用导弹内置的方式，尽量减少雷达反射截面积，避免被敌方发现。这两种导弹部署方式各有优劣，本质上也没有好坏之分，只是需根据实际情况作出调整。

美国 F-35“闪电Ⅱ”战斗机的机腹视角

高阻炸弹与低阻炸弹有何不同

航空炸弹一直是空中打击平台的重要武器，不仅能挂载在轰炸机、战斗轰炸机上，多功能战斗机、攻击机也能搭载。

一战后，空军力量得到快速发展，各种空对地武器装备大量列装，航空炸弹也在其中。随着“二战”爆发，具有强大威力的航空炸弹受到青睐。高阻炸弹与低阻炸弹的优缺点开始渐渐显露。

高阻炸弹较为常见。这种炸弹是为挂载于轰炸机弹舱内设计的，主要由弹体、安定器、传爆管、弹耳、装药和引信等部分组成。它的重心明显靠前，因此投掷后弹头可以迅速朝下。为最大限度携带航空炸弹，高阻炸弹被设计为外形短粗、头部钝圆的模样，外形犹如煤气罐。由于构型简单、材料和工艺要求相对较低，它能够快速大量生产。但是，这种构型因为长细比小、阻力系数大，自由落体时，受激波影响大，弹道稳定性和命中率不高。为解决这一问题，此类航空炸弹通常在头部设计有弹道阻力环，尾部设计有安定器。弹道阻力环可减少局部激波对弹道稳定性的影响，安定器则像羽毛球尾部的羽毛，可对下坠过程中的航空炸弹进行减速和正向。弹道稳定性问题得以解决的同时，也产生了另一个问题——此类航空炸弹空中所受阻力进一步增加。因此它被称作高阻力炸弹，简称高阻炸弹。由此可见，高阻炸弹的较大阻力，是设计带来的“副产品”，而非设计需求本意。

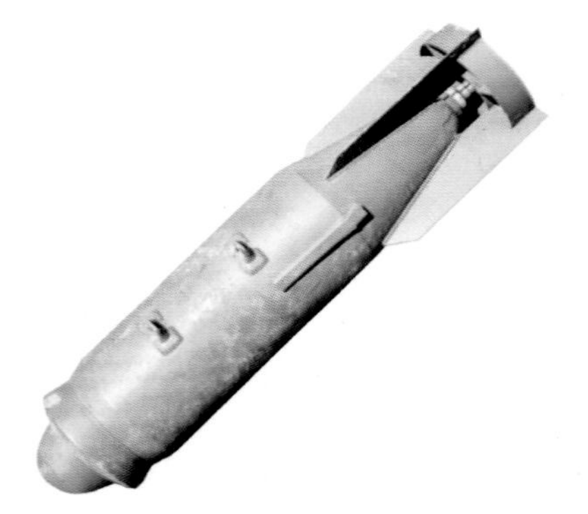

苏联 FAB-250 M-46 高阻力炸弹（左）、FAB-250 M-54 高阻力炸弹（右）

冷战时期，随着作战样式变化和战斗机升级换代，尤其是随着炸弹外挂需求增强，低阻炸弹的研发受到重视。与高阻炸弹相比，低阻炸弹的弹体外形较为细长，呈流线型，没有弹道阻力环和安定器，转而使用可折叠的金属十字翼等稳定弹头朝向。低阻炸弹的一大特点是方便战斗机外挂、空中滑行速度较快。早期缺点主要有两个，一是因炸弹落地速度快，战斗机低空投掷后，存在无法及时离开、易受爆炸威力波及的隐患，因而需要加挂减速伞或气囊；二是在自由落体的

苏联 FAB-250 M-62 低阻力炸弹

过程中，因没有额外的定向、增稳装置，易受环境影响，打击精度差。

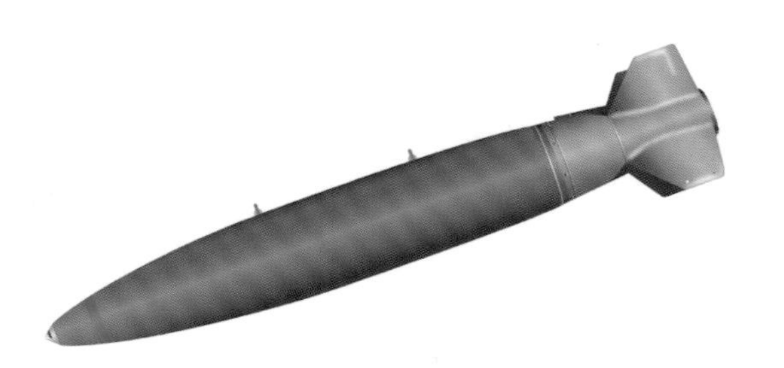

Mk 84 低阻力通用炸弹

正所谓“思路一变、短板变长”，低阻炸弹易受空中气流影响的缺点，恰恰给现代化制导组件提供了用武之地。与激光、电视、红外和雷达制导组件的成功联手，不仅使低阻炸弹攻击精度大幅提升，也使其攻击距离明显增加，成为战斗机、轰炸机、攻击机等战机的理想弹药，并彰显出航空炸弹的发展方向。

当然，被各国空军日益看重的低阻炸弹也有缺点，价格不菲就是其中之一。因此，出于各种原因和考虑，一些国家仍然偏重于保留并使用高阻炸弹。

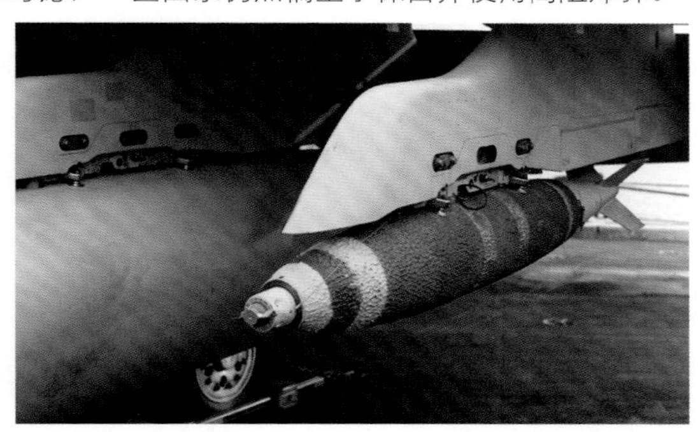

美国海军 F/A-18“大黄蜂”战斗 / 攻击机挂载的 Mk 82 低阻力通用炸弹

美国海军“企业”号航空母舰的军械员正在搬运 Mk 84 低阻力通用炸弹

美国"炸弹之母"和俄罗斯"炸弹之父"的威力有多大

"炸弹之母"（Mother Of All Bombs，MOAB）是美国 GBU-43/B 大型空爆炸弹（Massive Ordnance Air Blast bomb，MOAB）的俗称，它是一款超大型全球定位系统导引自由落体炸弹，由美国空军研究实验室研发，并由美国空军实际配用。

大型空爆炸弹也被称为燃料空气炸弹，一度被媒体称为世界上最令人恐怖的武器之一。这种炸弹在使用时，将装有挥发性液体的燃料弹丸发射或投掷到目标上空，在预定的时间内引爆容器、释放燃料，与空气混合形成一定浓度的气溶胶云雾。然后再将气溶胶云雾引爆，产生 2500℃左右的高温火球，并随之产生区域爆轰冲击波。瞬间的高温高压会迅速将周围的氧气消耗掉，产生大量二氧化碳和一氧化碳，导致爆炸现场的氧气含量仅为正常含量的 1/3，而一氧化碳浓度却大大超过允许值，使爆炸范围内的所有人员吸入剧毒空气而严重缺氧。遭受打击的人员往往在剧烈挣扎中窒息身亡，给其他士兵带来巨大恐惧。大型空爆炸弹在作战使用上不像核武器那样受到限制，将成为未来战争中一种有效的威慑手段和实用的打击力量。

展览中的"炸弹之母"

"炸弹之母"的总重量高达 9800 千克，其高爆装填物为 8500 千克 H6（黑索金、三硝基甲苯和铝的一个易爆组合），能产生相当于 11 吨 TNT 炸药的破坏力，引爆时破坏半径可达 1.6 千米，并将半径 300 至 500 米内的氧气燃烧到只有 1/3 浓度。虽然"炸弹之母"的作用经常与核武器比较，但它的威力只有"小男孩"原子弹的千分之一。

"炸弹之母"因重量与体积的影响，无法采用一般的轰炸机挂载，需由 C-130"大力神"运输机投掷。由于"炸弹之母"的特殊毁伤机理，其一般可用于打击隐藏在城市、密林、洞穴等复杂地形内的目标。它可以在一定程度上突破掩体的限制，直接对内部的人员进行杀伤，从而获得其他类型炸弹所无法取得的效果。

运输中的“炸弹之母”

2017 年 4 月 13 日，美国空军派遣一架 MC-130 特种作战飞机首次在阿富汗使用“炸弹之母”，摧毁了极端恐怖组织所占据的洞穴与地道设施。此举也使“炸弹之母”成为军事史上曾经投入过实战的非核子弹药中重量与破坏力最大的纪录保持者。不过，这个纪录很快就被打破了。2017 年 9 月 7 日，俄军在叙利亚代尔祖尔投下了迄今体积最大的非核炸弹——空投高功率真空炸弹（Aviation Thermobaric Bomb of Increased Power，ATBIP），也就是俗称的“炸弹之父”（Father of All Bombs，FOAB）。

“炸弹之母”头部视角

“炸弹之父”采用纳米科技制造，内装 7100 千克新型高爆炸药，尽管总装药量少于“炸弹之母”，但因其配方先进，所以威力反而要大得多。据称，“炸弹之父”的爆炸威力是“炸弹之母”的 4 倍，即相当于 40 多吨 TNT 炸药。虽然有人质疑“炸弹之父”的威力，但根据俄罗斯军方的消息，“炸弹之父”将会取代俄军数种小型核武。

美军为何发展托盘化武器系统

近两年来，美国空军多次提出以军用运输机打造“武库机”的设想。在此基础上，2020 年年底美国空军提出了“速龙”托盘化武器系统概念。这一概念设想对军用运输机进行改装，使其可搭载托盘化武器系统，以便在敌方防区外发起攻击。

2021 年 8 月，美国空军与洛克希德·马丁公司在美国新墨西哥州白沙导弹靶场，全面测试了“速龙”托盘化武器系统，对其可行性进行初步验证。此次测试中，C-17A 运输机与 EC-130J 电子战飞机从“实战高度”投放“速龙”托盘化武器系统。这一武器系统一次可装载 6 枚至 9 枚导弹，但测试中仅装载了 4 枚。投放后，“速龙”托盘化武器系统借助降落伞稳定姿态，继而开始快速、连续发射测试导弹。这些测试导弹与 AGM-158B 增程型联合空地防区外导弹类似，射程超过 900 千米。测试中，地面人员通过卫星通信数据链向“速龙”托盘化武器系统传递目标数据，并进行数据修正，证明了该系统具备接收地面数据的能力。

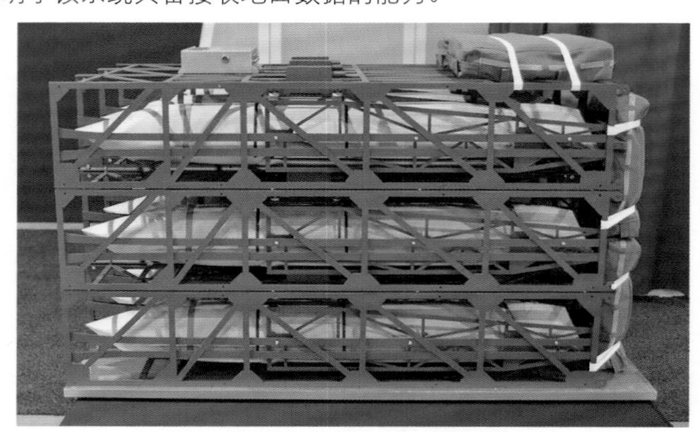

“速龙”托盘化武器系统

除发射导弹外，“速龙”托盘化武器系统还可发射小型无人机，并在任务结束后对其进行回收。该武器系统具备模块化特点，适配性较好，未来有可能配备美军各型战机。

C-17 运输机投放“速龙”托盘化武器系统示意图

有分析认为，一架 C-17 运输机在搭载“速龙”托盘化武器系统后，其火力水平理论上与一架 B-1B 轰炸机相当。由于对运输机的改装难度不高且成本较低，因此这一武器系统具备大规模应用潜力。

不过，托盘化武器系统仍有较大争议。反对者认为运输机改装轰炸机的做法，将挤占本就紧张的美军运输机资源。另外，AGM-158B 增程型联合空地防区外导弹价格昂贵，在大规模消耗战中的费效比较低，且其射程仍在重型战斗机拦截范围内，无法实现防区外打击作战目标。

AGM-158B 增程型联合空地防区外导弹

事实上，发展托盘化武器系统也是美国空军的无奈之举。目前美国空军的战略级轰炸机群正在面临老化和退役的问题，B-1B 轰炸机和 B-2 轰炸机的现役数量不超过 90 架，整体服役数量偏少，同时机体的年龄普遍超过了 30 年，由于维修保养费用高昂，所以美国空军预计在未来几年会有一批 B-1B 轰炸机退役，而 B-52H 轰炸机有 70 余架，由于使用成本较低，美国空军打算延长它们的机体使用寿命，并且安装新款发动机，希望可以使用到 2050 年。因此 B-52 轰炸机到时候有可能会成为服役时间超过百年的轰炸机。同时美国正在研发新型的 B-21 轰炸机，但是以目前的形势来看，该机到 2030 年也不一定能够生产出足够的数量，从而形成新的战斗力。因此可以预见的未来就是美国空军的战略轰炸能力将会有所下降，所以将运输机改装成轰炸机只是一种应急之举。

美国空军 B-52H 轰炸机

空射快速反应武器为何被誉为“美国空军之箭”

2022 年 5 月 16 日，美国空军宣布，AGM-183A 空射快速反应武器（ARRW）目前已完成助推飞行试验。该试验于 5 月 14 日在加利福尼亚州南部进行，一架 B-52“同温层堡垒”轰炸机发射的一枚 ARRW，ARRW 助推器点火后燃烧时间达到了预期，该武器的速度达到了 5 马赫。

ARRW 是一种高超音速武器，被誉为“美国空军之箭”。美国洛克希德·马丁公司早在 2018 年就开始走上了艰难的研制之路，直到 2021 年才开始其试射旅程。这种武器设计理念先进，被美国空军寄予厚望，其优势主要体现在下述三个方面。

第一，速度快，精度高。ARRW 可以借助火箭助推器加速到一定速度和高度后，释放高超音速助推滑翔飞行器，以 5 马赫的速度飞行，并且在飞行过程中可进行不规则的机动，能够更加精确地击中目标。

第二，滑翔体相对较小，整体便于携带。ARRW 的滑翔体相对较小，其战斗部重量有多个数据，最重的也不过 50 千克，最轻的仅为 20 千克。与长度接近 8 米、直径为 0.9 米、发射重量为 3.5 ～ 4 吨的俄罗斯“匕首”空射高超音速导弹相比，ARRW 更小更轻，其长度约 6.5 米、直径约 0.77 米、发射重量约 3.2 吨。体积变小的同时，美国空军并没有降低它的杀伤性能，而是采用了类似“爱国者 3”导弹的“杀伤增强”技术。

第三，兼容性高。目前洛克希德·马丁公司仅采用 B-52“同温层堡垒”轰炸机携带进行测试，但美国空军希望 ARRW 还可以被 B-1B“枪骑兵”和 B-2“幽灵”轰炸机携带。B-1B“枪骑兵”轰炸机通过将内部弹舱隔板向前挪动，使弹舱的长度从 4.58 米增加到 6.83 米，正好可以容纳 ARRW。而 B-2“幽灵”轰炸机的弹舱长达 7.4 米，携带 ARRW 本就绰绰有余。

目前，美国还没有一款实用化的高超音速武器。对美国空军而言，拥有 ARRW 是相当重要且迫切的，该武器可以在其侦察体系的帮助下，对时间敏感目标进行打击。一架携带 ARRW 的轰炸机，可对敌方空军基地、雷达和防空导弹阵地造成极大的破坏。

B-52“同温层堡垒”轰炸机发射 ARRW 艺术想象图

小知识：

时间敏感目标是指必须在有限的“攻击窗口”或“交战机会”内发现、定位、识别、瞄准和攻击的目标。

[1] 灌木文化．世界经典战机完全图解［M］．北京：化学工业出版社，2017．

[2] 艾登．现代战机百科全书［M］．北京：中国画报出版社，2016．

[3] 军情视点．全球战机图鉴大全［M］．北京：化学工业出版社，2016．

[4] 吕辉．空中斗士：军用飞机［M］．北京：中国社会出版社，2014．

[5] 霍姆斯．美军战机鉴赏指南［M］．北京：人民邮电出版社，2009．